978-7-80546-0352

U0721547

史记·世家

【卷二】

〔西汉〕司马迁·著 金源·编译

陕西新华出版 三秦出版社

楚世家（灵王十一年－王负刍五年）

【原文】

　　十一年，伐徐以恐吴，灵王次于乾溪以待之。王曰："齐、晋、鲁、卫，其封皆受宝器，我独不。今吾使使周求鼎以为分，其予我乎？"析父对曰："其予君王哉！昔我先王熊绎辟在荆山，荜露蓝蒌，以处草莽，跋涉山林，以事天子，惟是桃弧棘矢以共王事。齐，王舅也；晋及鲁、卫，王母弟也。楚是以无分而彼皆有。周今与四国服事君王，将惟命是从，岂敢爱鼎？"灵王曰："昔我皇祖伯父昆吾旧许是宅，今郑人贪其田，不我予，今我求之，其予我乎？"对曰："周不爱鼎，郑安敢爱田？"灵王曰："昔诸侯远我而畏晋，今吾大城陈、蔡、不羹，赋皆千乘，诸侯畏我乎？"对曰："畏哉！"灵王喜曰："析父善言古事焉。"

【译文】

　　十一年，攻伐徐国以威胁吴国，灵王自己领军驻在乾溪，等待吴国的反应。灵王说："齐、晋、鲁、卫四国，他们接受封地时，都从周天子那里得到宝器。只有我们楚国没有。现在我派遣使者到周王室去求宝鼎作为分封的宝器，周天子会给我吗？"析父回答说："周天子将会给予王的。以前我们先王熊绎，远在荆

陈侯鼎　春秋前期。通高23.6厘米，宽35厘米，重5.58千克。

山，拉着简陋的柴车，身穿破烂的衣服，居住在草莽荒野当中，艰难地在山林水泽中行走，以这种精神来侍奉天子。楚地没有什么特产，只有桃木制成的弓以及枣木做成的箭，来供应天子的兵器。齐君吕伋是成王的舅舅，晋、鲁、卫三国的开国之君都是周天子同母的弟弟，楚国和周天子因为没有关系而没有分到宝器，而齐、鲁、卫反而都有宝器。周现在和四国都侍奉君王，必定会听从你的命令。怎么敢吝惜宝鼎呢？"灵王说："过去我的远祖伯父昆吾住在以前的许地，如今郑人贪占那块土地而不给我，如今我向郑国要回它，郑国会给我

吗?"析父回答说:"周不敢吝惜宝鼎,郑国哪敢吝惜许田呢?"灵王说:"过去诸侯都疏远我而畏惧晋国的威势,现在我们把陈、蔡、不羹等地都修建成大城,军队都备有许多战车车辆,诸侯害怕我吗?"析父回答说:"害怕。"灵王高兴地说:"析父真善于讲说往古的事。"

【原文】

十二年春,楚灵王乐乾溪,不能去也。国人苦役。初,灵王会兵于申,僇越大夫常寿过,杀蔡大夫观起。起子从亡在吴,乃劝吴王伐楚,为间越大夫常寿过而作乱,为吴间。使矫公子弃疾命召公子比于晋,至蔡,与吴、越兵欲袭蔡。令公子比见弃疾,与盟于邓。遂入杀灵王太子禄,立子比为王,公子子皙为令尹,弃疾为司马。先除王宫,观从从师于乾溪,令楚众曰:"国有王矣。先归,复爵邑田室;后者,迁之。"楚众皆溃,去灵王而归。

灵王闻太子禄之死也,自投车下,而曰:"人之爱子亦如是乎?"侍者曰:"甚是。"王曰:"余杀人之子多矣,能无及此乎?"右尹曰:"请待于郊以听国人。"王曰:"众怒不可犯。"曰:"且入大县而乞师于诸侯。"王曰:"皆叛矣。"又曰:"且奔诸侯以听大国之虑。"王曰:"大福不再,只取辱耳。"于是王乘舟将欲入鄢。右尹度王不用其计,惧俱死,亦去王亡。

【译文】

十二年春,楚灵王在乾溪享乐,舍不得离去,徭役使国人痛苦不堪。以前灵王在申地与诸侯会师,侮辱越国大夫常寿过,诛杀蔡国大夫观起。观起的儿子观从逃亡到吴国,就劝吴王攻伐楚国,挑拨越大夫常寿过作乱,让他充当吴国的间谍。派人假传公子弃疾的命令召回在晋国的公子比。到了蔡国,观从联合吴国、越国的军队想袭击蔡国。命令公子比见弃疾,和他们在邓城会盟。于是进入郢都杀灵王的太子禄,而立公子比为王,公子子皙为令尹,弃疾为司马。先清除了王宫,然后观从率领军队到

伯作簋　西周中期。通高14.9厘米,宽29.2厘米,重2.4千克。

乾溪，向楚国官兵宣布："国家有新王了。先回去的人，可以恢复都邑、爵位、田地、宫室，后回去的人将迁移田地宫室。"楚军一听都逃散，丢下灵王而回到国都。

灵王听到太子禄被杀，自己跌到车下，说："人家疼爱他们的儿子也像我这样吗？"侍人回答说："比这还厉害。"灵王说："我杀了太多别人的儿子，能没有这样的报应吗？"右尹说："请王回到郢都郊外等待，听从国人的处置吧。"灵王说："众人的愤怒是不可干犯的啊。"右尹说："暂且进据大县，然后向诸侯求救如何？"王说："所有人都背叛了！"右尹又说："暂且出奔到诸侯之国，然后听大国的调停。"王说："大福不会再来，只是自取其辱罢了！"在这时灵王坐船想进据鄢城。右尹估计灵王不会采纳他的计谋，害怕跟去送死，也离开灵王逃走了。

【原文】

灵王于是独傍偟山中，野人莫敢入王。王行遇其故锅人，谓曰："为我求食，我已不食三日矣。"锅人曰："新王下法，有敢饷王从王者，罪及三族。且又无所得食。"土囚枕其股而卧。锅人又以土自代，逃去。王觉而弗见，遂饥弗能起。芊尹申无宇之子申亥曰："吾父再犯王命，王弗诛，恩孰大焉！"乃求王，遇王饥于釐泽，奉之以归。夏五月癸丑，王死申亥家，申亥以二女从死，并葬之。

【译文】

灵王于是独自在山里徘徊，乡野百姓不敢收留他。王在途中遇到他以前的锅人，就对锅人说："替我找一点食物吧，我已经三天没有吃东西了。"锅人说："新王下令，谁敢供给你或随从人员食物，罪刑会连及三族；况且这里也无法找到食物。"于是灵王枕在锅人的腿上睡了，锅人又用土块来代替，抽出腿就逃跑了。灵王醒来不见锅人，饥饿得都爬不起来。芊园的管理人申无宇的儿子申亥说："我的父亲两次触犯王命，王都没有杀他，这个恩惠是多么大啊！"于是四处寻找王，结果在釐泽看到灵王饿倒在那里，便侍奉他回到家里。夏五月癸丑日，灵王死在申亥家中，申亥让两个女子陪葬，并埋葬了他们。

【原文】

　　是时楚国虽已立比为王，畏灵王复来，又不闻灵王死，故观从谓初王比曰："不杀弃疾，虽得国，犹受祸。"王曰："余不忍。"从曰："人将忍王。"王不听，乃去。弃疾归，国人每夜惊，曰："灵王入矣！"乙卯夜，弃疾使船人从江上走呼曰："灵王至矣！"国人愈惊。又使曼成然告初王比及令尹子皙曰："王至矣！国人将杀君，司马将至矣！君早自图，无取辱焉。众怒如水火，不可救也。"初王及子皙遂自杀。丙辰，弃疾即位为王，改名熊居，是为平王。

【译文】

　　这时楚国虽然已经立了比为王，但是怕灵王再回来，又没有听到灵王死的消息，所以观从对新王子比说："如果不杀弃疾，您虽然得到国家，还免不了遭受祸患。"王说："我不忍心杀他。"观从说："别人将忍心杀您呢。"新王不听，于是观从离开了。这时弃疾也回来了。国都的人们夜夜惊恐，说："灵王入城了。"乙卯日晚上，弃疾派撑船的人从江上边走边喊说："灵王回来了。"国人更加惊恐。弃疾又派曼成然告诉新王子比和令尹子皙说："王回来了，国人将杀死你们，司马（即弃疾）就要到了！你们应该早作准备，不要自取羞辱，众怒就如同水淹火烧，是无法解救的。"于是新王子比和子皙自杀了。丙辰日，弃疾即位为王，改名叫熊居，这就是平王。

【原文】

　　平王以诈弑两王而自立，恐国人及诸侯叛之，乃施惠百姓。复陈、蔡之地而立其后如故，归郑之侵地。存恤国中，修政教。吴以楚乱故，获五率以归。平王谓观从："恣尔所欲。"欲为卜尹，王许之。

　　初，共王有宠子五人，无适立，乃望祭群神，请神决之，使主社稷，而阴与巴姬埋璧于室内，召五公子斋而入。康王跨之，灵王肘加之，子比、子皙皆远之。平王幼，抱其上而拜，压纽。故康王以长立，至其子失之；围为灵王，及身而弑；子比为王十余日，子皙不得立，

又俱诛。四子皆绝无后。惟独弃疾后立，为平王，竟续
楚祀，如其神符。

【译文】

平王用欺诈手段杀害了灵王和新王子比两人，自己
才能即位，恐怕国人和诸侯背叛自己，于是就对百姓施
行恩惠。恢复陈、蔡两国的土地，并让两国原来国君的
后代像从前一样，归还了侵占的郑国领地。同时，安慰
抚恤国内百姓，修整政令教化。吴国因为楚国混乱的缘
故，掳获了楚国的五个军事首领回去。平王对观从说：
"随便你愿意做什么官。"观从想做卜尹，平王答应了他。

起初，共王有五个宠爱的儿子，但没有嫡长子可立，于是遍祭山川群
神，请神来决定派谁主掌国家。共王暗中和巴姬在祖庙内埋藏一块璧玉，然
后召见五个公子斋戒后进入祖庙。康王跨璧而过，灵王用手肘放在上面，公
子比、子皙都远离璧玉，没有从上面经过。平王年幼，被抱进庙，一拜再拜
都正好压在璧纽上。所以康王因为年长而即位，到了他的儿子手里失去了
王位；公子围为灵王，结果身遭杀害；子比做了十几天的王，子皙不曾即
位，又都被杀。四人都没有后代，而断绝世系。只有公子弃疾最后即位，就是
平王，继续楚国的世系，如神符显示得那样。

格伯簋　西周中期。通高
23.5厘米，宽30.8厘米，重
7.58千克。

【原文】

初，子比自晋归，韩宣子问叔向曰："子比其济乎？"
对曰："不就。"宣子曰："同恶相求，如市贾焉，何为
不就？"对曰："无与同好，谁与同恶？取国有五难：有
宠无人，一也；有人无主，二也；有主无谋，三也；有
谋而无民，四也；有民而无德，五也。子比在晋十三年
矣，晋、楚之从不闻通者，可谓无人矣；族尽亲叛，可
谓无主矣；无衅而动，可谓无谋矣；为羁终世，可谓无
民矣；亡无爱征，可谓无德矣。王虐而不忌，子比涉五
难以弑君，谁能济之！有楚国者，其弃疾乎？君陈、蔡，
方城外属焉。苟慝不作，盗贼伏隐，私欲不违，民无怨
心。先神命之，国民信之。芈姓有乱，必季实立，楚之
常也。子比之官，则右尹也；数其贵宠，则庶子也；以

神所命，则又远之；民无怀焉，将何以立？"宣子曰：
"齐桓、晋文不亦是乎？"对曰："齐桓，卫姬之子也，有
宠于釐公。有鲍叔牙、宾须无、隰朋以为辅，有莒、卫
以为外主，有高、国以为内主，从善如流，施惠不倦。
有国，不亦宜乎？昔我文公，狐季姬之子也，有宠于献
公，好学不倦。生十七年，有士五人，有先大夫子馀、
子犯以为腹心，有魏犨、贾佗以为股肱，有齐、宋、秦、
楚以为外主，有栾、郤、狐、先以为内主。亡十九年，
守志弥笃。惠、怀弃民，民从而与之。故文公有国，不
亦宜乎？子比无施于民，无援于外。去晋，晋不送；归
楚，楚不迎。何以有国！"子比果不终焉，卒立者弃疾，
如叔向言也。

【译文】

　　以前，子比从晋国回到楚国，韩宣子问叔向说："子比将会成功吗？"叔向
回答说："不会成功。"宣子说："楚国人和子比都仇恨灵王，要求立新君，好
比商人牟取利益一样，为什么不能成功呢？"叔向回答说："没有人和他交好，
又有谁跟他仇恨相同呢？取得国家有五个困难：虽有宠贵却没有贤人帮助是一
难，虽有贤人帮助却没有重要的支持力量是二难；虽有重要的支持力量却没有
良好的计谋是三难；虽有通盘谋划而没有百姓的拥护是四难；虽得到人民的拥
护，自己却没有德行是五难。子比在晋国已经十三年了，晋国、楚国和子比交
游的人都不曾听说过有学识渊博的，可说是没有贤人相助；亲族有的叛离，有
的死亡，可说是没有重要的支持力量；楚国没有可乘之机却妄动取国，可说是
没有计谋；一辈子寄居在晋国，可说是没有人民；流亡在外而楚国却没有人爱
念他，可说是没有德行。灵王暴虐而无所畏忌，子比必须经历这五大困难而杀
害他的国君，谁能帮助他成功呢？将来得到楚国的恐怕是弃疾吧！弃疾治理
陈、蔡，方域以外的地区都归属他，烦乱邪恶的事情一点都没有，盗贼销声匿
迹，不因为自己的私欲而违背人民的利益，人民对他毫无怨心，祖先神灵都命
令他做国君，人民都相信他。芈姓出什么乱子，一定是排行末的人即位，这是
楚国的常情。子比的官职是右尹，论他的贵宠，不过是庶子，和神灵所命令为
君的相差很远；又没有人民怀念他，这样，怎么能够登上王位呢？"宣子说："齐
桓公、晋文公不也是庶子吗？"叔向回答说："齐桓公是卫姬的儿子，得到釐公
的宠爱，有鲍叔牙、宾须无、隰朋这些人的辅佐，又有莒、卫两国做他的外援，

高、国二卿做他的内应，他本人也从善如流，施惠从不厌倦。他能享有国家，不是很应该的吗？以前我们的文公是狐季姬的儿子，得到献公的宠爱，他自己又勤学不倦。十七岁时，获得赵衰、狐偃、贾佗、先轸、魏犨五位才士的拥护，其中先大夫赵衰、狐偃更是他的心腹，魏犨、贾佗做他的得力辅佐，外有齐、宋、秦、楚四国做他的外援，内有栾、郤、狐、先四姓做他的内应。逃亡在外十九年，奋发图强的意志始终不渝。惠公、怀公背弃人民，人民相继归附文公。所以文公得有晋国，不也是应该的吗？子比对人民没有布施恩惠，又没有外来援助，离开晋国，晋国没有人送他；回到楚国，楚国也没有人迎接。这样的人怎么能得有国家呢？"子比果然没有得到好下场，最终继位的是公子弃疾，和叔向所说的完全一样。

【原文】

　　平王二年，使费无忌如秦为太子建取妇。妇好，来，未至，无忌先归，说平王曰："秦女好，可自娶，为太子更求。"平王听之，卒自娶秦女，生熊珍。更为太子娶。是时伍奢为太子太傅，无忌为少傅。无忌无宠于太子，常谗恶太子建。建时年十五矣，其母蔡女也，无宠于王，王稍益疏外建也。

　　六年，使太子建居城父，守边。无忌又日夜谗太子建于王曰："自无忌入秦女，太子怨，亦不能无望于王，王少自备焉。且太子居城父，擅兵，外交诸侯，且欲入矣。"平王召其傅伍奢责之。伍奢知无忌谗，乃曰："王奈何以小臣疏骨肉？"无忌曰："今不制，后悔也。"于是王遂囚伍奢。乃令司马奋扬召太子建，欲诛之。太子闻之，亡奔宋。

【译文】

　　平王二年，派费无忌到秦国为太子建娶妻。秦女很漂亮，接来，还没有到京城，费无忌就先回来告诉平王说："秦女长得很漂亮，你可以自己娶来，另给太子找一个。"平王听了他的话，就自己娶了秦女，生了熊珍，而另外替太子娶妻。这时伍奢做太子太傅，费无忌做太子少傅。费无忌得不到太子的宠信，常常向平王毁谤太子建。这时太子建已经十五岁了，他的母亲是蔡国女子，也不得平王的宠爱，于是平王渐渐地更加疏远太子。

六年，命令太子建居于城父，戍守边疆。费无忌又日夜向平王毁谤太子建说："自从我把秦女献给王以后，太子就怨恨我，对大王也不可能没有埋怨，王应该自己稍加防备。况且太子住在城父，手握兵权，外结诸侯，而且时时想打进都城。"平王召见太子的太傅伍奢查究这件事。伍奢知道是费无忌的谗言，于是对平王说："王怎么可以因为小臣的谗陷而疏远至亲骨肉呢？"无忌说："现在不制住他，将来必定会后悔的。"于是平王把伍奢拘禁起来，然后命令司马奋扬召回太子建，想要杀他。太子建听到这个消息，就逃奔宋国了。

【原文】

　　无忌曰："伍奢有二子，不杀者，为楚国患。盍以免其父召之，必至。"于是王使使谓奢："能致二子则生，不能将死。"奢曰："尚至，胥不至。"王曰："何也？"奢曰："尚之为人，廉，死节，慈孝而仁，闻召而免父，必至，不顾其死。胥之为人，智而好谋，勇而矜功，知来必死，必不来。然为楚国忧者必此子。"于是王使人召之，曰："来，吾免尔父。"伍尚谓伍胥曰："闻父免而莫奔，不孝也；父戮莫报，无谋也；度能任事，知也。子其行矣，我其归死。"伍尚遂归。伍胥弯弓属矢，出见使者，曰："父有罪，何以召其子为？"将射，使者还走，遂出奔吴。伍奢闻之，曰："胥亡，楚国危哉！"楚人遂杀伍奢及尚。

【译文】

　　无忌说："伍奢有两个儿子，如果不杀掉他们，日后必将成为楚国的祸患。何不用以赦免他们父亲的死罪为条件来召见他们，他们两人一定会来。"于是平王派遣使者对伍奢说："如果你能把你的两个儿子招来，就可以活命，不能就只有死路一条。"伍奢说："伍尚会来，伍子胥不会来。"平王说："为什么呢？"伍奢说："伍尚为人清廉，能为节义效死，孝顺父母对人仁爱，听说来见王可以赦免父亲，一定会来，而不会考虑自己的生死。伍子胥为人，聪明而善于心计，勇敢而好夸耀功劳，知道来见王一定会死，必定不肯来，但将来成为楚国忧患的一定是他。"于是平王派

伍子胥

人召他们，说："你们来，我就赦免你们的父亲。"伍尚对伍子胥说："听到可以赦免父亲的消息而不奔去，是不孝；父亲被杀而不报仇，是没有智谋；估计能力承担事，那才是聪明的表现。你逃走吧，我去送死。"于是伍尚就回到京城。伍子胥佩带好弓，扣好箭，出来见使者，说："父亲有罪，为什么要召见他的儿子呢？"举起弓箭要射使者，使者返身逃跑，于是伍子胥就投奔吴国去了。伍奢听到这个消息说："子胥逃跑了，楚国危险了！"于是楚王就杀了伍奢和伍尚。

【原文】

　　十年，楚太子建母在居巢，开吴。吴使公子光伐楚，遂败陈、蔡，取太子建母而去。楚恐，城郢。初，吴之边邑卑梁与楚边邑钟离小童争桑，两家交怒相攻，灭卑梁人。卑梁大夫怒，发邑兵攻钟离。楚王闻之，怒，发国兵灭卑梁。吴王闻之，大怒，亦发兵，使公子光因建母家攻楚，遂灭钟离、居巢。楚乃恐而城郢。

　　十三年，平王卒。将军子常曰："太子珍少，且其母乃前太子建所当娶也。"欲立令尹子西。子西，平王之庶弟也，有义。子西曰："国有常法，更立则乱，言之则致诛。"乃立太子珍，是为昭王。

【译文】

　　十五年，楚太子建的母亲在居巢，暗通吴国，引导吴国伐楚，自己做内应。吴国派公子光攻打楚国，击败帮助楚国的陈、蔡两军，接了太子建的母亲到吴国。楚国害怕了，就建筑郢城。以前吴国的边境卑梁和楚国的边境钟离有两家的小孩子争夺桑叶，导致两家愤怒殴打，钟离人杀了卑梁一家人。卑梁大夫大怒，派兵攻打钟离。楚王听到这个消息大怒，发动国内的军队灭掉卑梁。吴王听到这个消息大怒，也发兵，派公子光借着太子建的母亲家在居巢的缘由攻打楚国，于是灭掉钟离、居巢两地。楚国恐慌，因此就建筑郢城。

　　十三年，平王去世，将军子常说："太子珍年纪很小，而且他的母亲是以前太子建所应该娶的妻子。"想要立令尹子西为王。子西是平王的庶弟，有仁义表现。子西说："国家有常规法度，改变继承顺序会造成祸乱，谈论改立就会招致诛杀。"于是立太子珍为王，这就是昭王。

【原文】

昭王元年，楚众不说费无忌，以其谗亡太子建，杀伍奢子父与郤宛。宛之宗姓伯氏子嚭及子胥皆奔吴，吴兵数侵楚，楚人怨无忌甚。楚令尹子常诛无忌以说众，众乃喜。

四年，吴三公子奔楚，楚封之以捍吴。五年，吴伐取楚之六、潜。七年，楚使子常伐吴，吴大败楚于豫章。

十年冬，吴王阖闾、伍子胥、伯嚭与唐、蔡俱伐楚，楚大败，吴兵遂入郢，辱平王之墓，以伍子胥故也。吴兵之来，楚使子常以兵迎之，夹汉水阵。吴伐败子常，子常亡奔郑。楚兵走，吴乘胜逐之，五战及郢。己卯，昭王出奔。庚辰，吴人入郢。

【译文】

昭王元年，楚人都不喜欢费无忌，因为他的毁谤而使太子建逃亡在外，并且杀了伍奢父子和郤宛。郤宛的同族伯氏的儿子嚭和伍子胥都逃奔到吴国，吴国的军队多次侵扰楚国，楚国的百姓更加怨恨费无忌。楚国令尹子常杀费无忌来取悦楚人，楚人才高兴。

四年，吴国的二位公子掩馀、烛庸投奔到楚国，楚王赐封他们土地来抵抗吴国。五年，吴国攻取楚的六城和潜城。七年，楚国派令尹子常攻吴国，吴军在豫章大败楚军。

十年冬天，吴王阖闾、伍子胥、伯嚭联合唐国、蔡国一起讨伐楚国，楚国大败。于是吴兵进入郢都，掘开平王坟墓施以鞭尸之辱，这是因为伍子胥要报仇的缘故。这次吴兵攻楚，楚派子常领兵迎战，在汉水对峙。吴兵打败子常，子常逃到郑国。楚兵溃散败退，吴兵乘胜追杀，五次交战就打到郢城。己卯日，昭王出城逃跑。庚辰日，吴人进郢都。

【原文】

昭王亡也，至云梦。云梦不知其王也，射伤王。王走郧。郧公之弟怀曰："平王杀吾父，今我杀其子，不亦可乎？"郧公止之，然恐其弑昭王，乃与王出奔随。吴王闻昭王往，即进击随，谓随人曰："周之子孙封于江汉之间者，楚尽灭之。"欲杀昭王。王从臣子綦乃深匿王，自以为王，谓随人曰："以我予吴。"随人卜予吴，不吉，乃谢吴王曰："昭王亡，不在随。"吴请入自索之，随不听，吴亦罢去。

昭王之出郢也，使申鲍胥请救于秦。秦以车五百乘救楚，楚亦收余散兵，与秦击吴。十一年六月，败吴于稷。会吴王弟夫概见吴王兵伤败，乃亡归，自立为王。阖闾闻之，引兵去楚，归击夫概。夫概败，奔楚，楚封之堂谿，号为堂谿氏。楚昭王灭唐。九月，归入郢。

【译文】

昭王逃到云梦。云梦的百姓不知道他是国王，射伤了他。昭王又逃到郧国。郧君的弟弟怀说："平王杀了我们的父亲，现在我们杀他的儿子，不是很合理吗？"郧公阻止了他，但还是怕他杀昭王，于是就和昭王一起逃奔随国。吴王听说昭王逃到随国，就出兵进攻随，对随人说："周的子孙封在长江、汉水一带，都被楚国消灭了。"随君想杀昭王。昭王的随从子綦把他严实地隐藏起来，然后声称自己是昭王。对随人说："把我交给吴国。"随人为吴国占卜这件事的吉凶，不吉，于是随人就向吴王推辞说："昭王逃走了，不在随国。"吴王请求进入随国亲自搜索，随国不答应，吴王也就率兵撤离了。

追簋　西周中期。通高38.6厘米，宽44.5厘米，重18.9千克。

昭王逃到郧都时，派申鲍胥向秦国求救。秦国派了五百辆兵车救楚，楚国也收拾残余散亡的军队，和秦军共同反击吴军。十一年六月，在稷地打败了吴军。刚好吴王的弟弟夫概看见吴王的军队战败，于是就逃回国，自立为王。阖闾听到这个消息，就领兵离开楚国，回到吴国攻打夫概。夫概被打败，逃奔到楚国，楚王把堂谿封给他，号称为堂谿氏。楚昭王灭掉唐国。九月，回到郧都。

【原文】

十二年，吴复伐楚，取番。楚恐，去郢北徙，都鄀。

十六年，孔子相鲁。二十年，楚灭顿，灭胡。二十一年，吴王阖闾伐越。越王勾践射伤吴王，遂死。吴由此怨越而不西伐楚。

二十七年春，吴伐陈，楚昭王救之，军城父。十月，昭王病于军中，有赤云如鸟，夹日而蜚。昭王问周太史，太史曰："是害于楚王，然可移于将相。"将相闻是言，乃请自以身祷于神。昭王曰："将相，孤之股肱也，今移祸，庸去是身乎！"弗听。卜而河为祟，大夫请祷河。昭王曰："自吾先王受封，望不过江、汉，而河非所获罪也。"止不许。孔子在陈，闻是言，曰："楚昭王通大道矣，其不失国，宜哉！"

【译文】

十二年，吴国再次讨伐楚国，攻占番邑。楚王很害怕，就离开郢都，而将都城北迁到鄀邑。

十六年，孔子做鲁国宰相。二十年，楚灭顿国，灭胡国。二十一年，吴王阖闾讨伐越国，越王勾践射伤吴王，吴王因此死了。吴国从此怨恨越国，而不再出兵向西攻打楚国。

二十七年春，吴国攻打陈国，楚昭王出兵救陈，驻军在城父。十月，昭王在军中病倒。当时，天空有一片红云像鸟一样，夹着太阳飞行。昭王询问周王室太史，太史说："这预示楚王有灾祸，但是可以移到将相身上。"将相听到这话，就向昭王请求祈求神灵，用自身来代替昭王受过。昭王说："将相是我的手足，现在将灾害移到手足上，难道能够免除我身体的病害吗？"于是不听从将相们的请求。问卜，才知道是河神作怪。大夫请求祭祷河神。昭王说："自从我的先祖受封以来，祭祀国中的山川神明不过长江、汉水，黄河神我们不曾得罪过。"就禁止大夫祷祭黄河。孔子在陈国听到这些话，说："楚昭王通晓大义。他经历了危险而没有失去国家，是应该的啊！"

【原文】

昭王病甚，乃召诸公子大夫曰："孤不佞，再辱楚国之师，今乃得以天寿终，孤之幸也。"让其弟公子申为王，不可。又让次弟公子结，亦不可。乃又让次弟公子闾，五让，乃后许为王。将战，庚寅，昭王卒于军中。子闾曰："王病甚，舍其子让群臣，臣所以许王，以广王意也。今君王卒，臣岂敢忘君王之意乎！"乃与子西、子綦谋，伏师闭涂，迎越女之子章立之，是为惠王。然后罢兵归，葬昭王。

【译文】

　　昭王病得很厉害，于是召见所有的公子、大夫，说："我没有才能，一再使楚国的军队遭受屈辱，现在竟然能够享受天年，寿终正寝，这是我的幸运。"让位给他弟弟公子申，申不接受。又让给二弟公子结，结也不肯接受。于是又让给三弟公子闾，闾五次推辞，然后才答应做国王。楚国将要与吴国交战，庚寅日，昭王死在军营里。子闾说："君王病得很厉害的时候，舍弃自己的儿子而让位给群臣，我之所以答应王，是为了宽慰昭王的心意。现在君已经死了，我哪里敢忘记君王推让的好心呢！"于是

鸟纹爵　西周中期。通高22厘米，口径17.4×7.5厘米，重0.88千克。

和子西、子綦共同商量，埋伏军队阻断道路，防止外寇入侵，并且派人去迎接越女所生的儿子章，而立章为国君，这就是惠王。然后退兵回国安葬昭王。

【原文】

　　惠王二年，子西召故平王太子建之子胜于吴，以为巢大夫，号曰白公。白公好兵而下士，欲报仇。六年，白公请兵令尹子西伐郑。初，白公父建亡在郑，郑杀之，白公亡走吴，子西复召之，故以此怨郑，欲伐之。子西许而未为发兵。八年，晋伐郑，郑告急楚，楚使子西救郑，受赂而去。白公胜怒，乃遂与勇力死士石乞等袭杀令尹子西、子綦于朝，因劫惠王，置之高府，欲弑之。惠王从者屈固负王亡走昭王夫人宫。白公自立为王。月余，会叶公来救楚，楚惠王之徒与共攻白公，杀之。惠王乃复位。是岁也，灭陈而县之。

【译文】

　　惠王二年，子西从吴国召回已故平王太子建的儿子胜，派他做巢邑大夫，号称为白公。白公喜欢用兵而能礼贤下士，想要为父亲报仇。六年，白公向令尹子西请求带兵去攻打郑国。以前，白公的父亲太子建逃亡郑国，郑国杀了他，白公逃亡到了吴国，子西又把他召回楚国，所以他怨恨郑国，想要攻打郑国。子西答应了，但是却没有出兵。八年，晋国伐郑，郑国向楚国告急求救，楚王派子西救郑，子西救郑后，接受郑国的贿赂而回。白公胜大怒，于是就和勇武死士石乞等几人在朝廷上袭杀令尹子西和子綦，乘机劫持惠王，把惠王拘禁在高府，想杀

掉他。惠王的侍从屈固背着惠王逃到昭王夫人的宫里，白公于是自立为王。经过一个多月，正巧叶公来救楚王，楚惠王的军队和叶公一起攻杀白公，并杀了他。惠王因而复位。这一年，楚国攻灭陈国而把陈国划为楚国的一县。

【原文】

　　十三年，吴王夫差强，陵齐、晋，来伐楚。十六年，越灭吴。四十二年，楚灭蔡。四十四年，楚灭杞。与秦平。是时越已灭吴而不能正江、淮北；楚东侵，广地至泗上。

　　五十七年，惠王卒，子简王中立。

　　简王元年，北伐灭莒。八年，魏文侯、韩武子、赵桓子始列为诸侯。

　　二十四年，简王卒，子声王当立。声王六年，盗杀声王，子悼王熊疑立。悼王二年，三晋来伐楚，至乘丘而还。四年，楚伐周。郑杀子阳。九年，伐韩，取负黍。十一年，三晋伐楚，败我大梁、榆关。楚厚赂秦，与之平。二十一年，悼王卒，子肃王臧立。

【译文】

　　十三年，吴王夫差势力强大，侵侮齐、晋两国，并且出兵攻打楚国。十六年，越国灭掉吴国。四十二年，楚国灭掉蔡国。四十四年，楚国灭掉杞国。和秦国结盟和好。这时越国已经灭掉吴国，但是不能治理江、淮以北地区；楚国于是向东侵犯，把地盘扩展到泗水。

　　五十七年，惠王去世，儿子简王中即位。

　　简王元年，出兵北攻莒国，把莒国灭掉。八年，魏文侯、韩武子、赵桓子开始列为诸侯。

　　二十四年，简王去世，儿子声王当即位。声王六年，被盗贼杀死，儿子悼王熊疑继位。悼王二年，韩、赵、魏来攻打楚国，兵到乘丘又退回去了。四年，楚国攻打周国。郑国杀死子阳。九年，攻打韩国，夺取韩地负黍。十一年，韩、赵、魏攻打楚国，在大梁、榆关打败楚军。楚军用厚礼贿赂秦国，与之讲和。二十一年，悼王去世，儿子肃王臧继位。

　　肃王四年，蜀伐楚，取兹方。于是楚为捍关以距之。十年，魏取我鲁阳。十一年，肃王卒，无子，立其弟熊良夫，是为宣王。

　　宣王六年，周天子贺秦献公。秦始复强，而三晋益大，魏惠王、齐威王尤强。三十年，秦封卫鞅于商，南侵楚。是年，宣王卒，子威王熊商立。

　　威王六年，周显王致文、武胙于秦惠王。

【译文】

　　肃王四年，蜀国伐楚，夺取楚地兹方，于是楚国修建捍关来防御蜀军。十年，魏国夺取楚地鲁阳。十一年，肃王去世，没有儿子，立他的弟弟熊良夫做国君，这就是宣王。

　　宣王六年，周天子向秦献公致贺。秦国开始重新强盛，韩、赵、魏日益强大，而魏惠王、齐威王尤其强。三十年，秦国封卫鞅于商地，出兵南侵楚国。这一年，宣王死，儿子威王熊商即位。

　　威王六年，周显王送祭祀文王、武王的祭肉给秦惠王。

【原文】

　　七年，齐孟尝君父田婴欺楚，楚威王伐齐，败之于徐州，而令齐必逐田婴。田婴恐，张丑伪谓楚王曰："王所以战胜于徐州者，田盼子不用也。盼子者，有功于国，而百姓为之用。婴子弗善而用申纪。申纪者，大臣不附，百姓不为用，故王胜之也。今王逐婴子，婴子逐，盼子必用矣。复搏其士卒以与王遇，必不便于王矣。"楚王因弗逐也。

　　十一年，威王卒，子怀王熊槐立。魏闻楚丧，伐楚，取我陉山。

　　怀王元年，张仪始相秦惠王。四年，秦惠王初称王。

【译文】

　　七年，齐国孟尝君的父亲田婴欺骗楚国，楚威王攻打齐国，在徐州打败齐国，要挟齐国必须驱逐田婴。田婴听到消息非常害怕，张丑假装站在楚王一边说："王所以能够在徐州打胜仗，是由于齐国没有任用田盼子的原因。田盼对齐国有很大的功劳，而且百姓都愿意为他效力。田婴不喜欢他而用申纪。申纪这个人，大臣不肯附从他，百姓不肯为他出力，所以君王才能战胜齐国。现在君王要齐国驱逐田婴，田婴被逐以后，齐国一定任用田盼，田盼重新鼓舞齐国士兵来和君王作战，对君王一定不利。"因此楚王就不再提出驱逐田婴的要求。

十一年，威王去世，儿子怀王熊槐继位。魏国听说楚国有丧事，就出兵攻打楚国，夺取了楚国的陉山。

鸟纹觯　西周中期。通高14.5厘米，口径8.3厘米，重0.38千克。

怀王元年，张仪开始做秦惠王的宰相。四年，秦惠王开始称王。

【原文】

　　六年，楚使柱国昭阳将兵而攻魏，破之于襄陵，得八邑。又移兵而攻齐，齐王患之。陈轸适为秦使齐，齐王曰："为之奈何？"陈轸曰："王勿忧，请令罢之。"即往见昭阳军中，曰："愿闻楚国之法，破军杀将者何以贵之？"昭阳曰："其官为上柱国，封上爵执珪。"陈轸曰："其有贵于此者乎？"昭阳曰："令尹。"陈轸曰："今君已为令尹矣，此国冠之上。臣请得譬之。人有遗其舍人一卮酒者，舍人相谓曰：'数人饮此，不足以遍，请遂画地为蛇，蛇先成者独饮之。'一人曰：'吾蛇先成。'举酒而起，曰：'吾能为之足。'及其为之足，而后成人夺之酒而饮之，曰：'蛇固无足，今为之足，是非蛇也。'今君相楚而攻魏，破军杀将，功莫大焉，冠之上不可以加矣。今又移兵而攻齐，攻齐胜之，官爵不加于此；攻之不胜，身死爵夺，有毁于楚：此为蛇为足之说也。不若引兵而去以德齐，此持满之术也。"昭阳曰："善。"引兵而去。

【译文】

　　六年，楚国派柱国昭阳带兵攻打魏国，在襄陵打败魏军，取得八座城邑。又调兵攻打齐国，齐王对楚军很忧虑。陈轸刚好替秦国出使到齐国，齐王对楚军很忧虑。齐王问他说："怎么对付楚军呢？"陈轸说："王不必担心，请允许我让楚国撤军。"就到楚国军营中去见昭阳，说："我希望听听楚国的军功法，对于打败敌军杀死敌将的人用什么来赏赐他？"昭阳说："给他做上柱国官，赐给最高爵位执珪。"陈轸说："有比这个更尊贵的吗？"昭阳说："令尹。"陈轸说："如今先生已经是令尹了，这是国家最高的官职。我请求打一个比方。有一个人送给他的门客们一杯酒，门客们商议说：'几个人饮这一杯酒，不能都喝到，请大家在地上画蛇，先画好蛇的人单独喝这杯酒。'不久，一个人说：'我的蛇画好了。'于是就端着酒杯站起来，又说：'我能替蛇画脚。'等到他画好了蛇脚，后面画好的人就夺去了他手上的酒一饮而尽，说：'蛇本来没有脚，现在你替它画脚，已经不是蛇了。'现在你做楚国的宰相，而攻打魏，打败了魏军，杀掉魏将，没有比这个功劳更大的了，好比帽子上不能再加什么了。现在又调兵攻打齐国，胜了齐国，官爵也不可能比现在更高；打了败仗，自己丢了性命而爵位也将被夺去，给楚国带来损失，这就好像是画蛇添足一样。不如带兵离开，施德于齐国，这是保守功业的最好方法。"昭阳说："说的对。"于是就领兵回去了。

【原文】

　　燕、韩君初称王。秦使张仪与楚、齐、魏相会，盟啮桑。

　　十一年，苏秦约从山东六国共攻秦，楚怀王为从长。至函谷关，秦出兵击六国，六国兵皆引而归，齐独后。十二年，齐湣王伐败赵、魏军，秦亦伐败韩，与齐争长。

【译文】

　　燕、韩的国君开始称王，秦国派张仪和楚、齐、魏三国相会，在啮桑结盟。

　　十一年，苏秦联合山东六国一起攻打秦国，楚怀王是纵约长。军队到了函谷关，秦国出兵迎战六国，六国都撤兵回国，唯独齐国的军队撤在最后。十二年，齐湣王打败赵、魏的军队，秦国也打败韩国，和齐国争夺霸权。

【原文】

　　十六年，秦欲伐齐，而楚与齐从亲，秦惠王患之，乃宣言张仪免相，使张仪南见楚王，谓楚王曰："敝邑之王所甚说者无先大王，虽仪之所甚愿为门阑之厮者亦无先大王。敝邑之王所甚憎者无先齐王，虽仪之所甚憎者亦无先齐王。而大王和之，是以敝邑之王不得事王，而令仪亦不得为门阑之厮也。王为仪闭关而绝齐，今使使者从仪西取故秦所分楚商於之地方六百里，如是则齐弱矣。是北弱齐，西德于秦，私商於以为富，此一计而三利俱至也。"怀王大悦，乃置相玺于张仪，日与置酒，宣言"吾复得吾商於之地"。群臣皆贺，而陈轸独吊。怀王曰："何故？"陈轸对曰："秦之所为重王者，以王之有齐也。今地未可得而齐交先绝，是楚孤也。夫秦又何重孤国哉，必轻楚矣。且先出地而后绝齐，则秦计不为。先绝齐而后责地，则必见欺于张仪。见欺于张仪，则王必怨之。怨之，是西起秦患，北绝齐交。西起秦患，北绝齐交，则两国之兵必至。臣故吊。"楚王弗听，因使一将军西受封地。

【译文】

十六年，秦国想要攻打齐国，但是楚国和齐国合纵亲善，秦惠王为此忧心忡忡，于是就宣告免去张仪的国相职务，然后派张仪到楚国拜见楚王，对楚王说："我们秦王最喜欢的人莫过于大王，而我最愿意替他做守门贱职的小厮，也莫过于大王。我们君王最憎恶的人莫过于齐王，而我张仪最憎恶的人也莫过于齐王。但是大王你和齐国亲善，因此我们秦王不能够侍奉大王，而使我也无法做为你守门的贱职。大王为我关闭东方的关卡而与齐绝交，现在就派遣使者跟我西去，到秦国去收回以前秦国所得到的楚国商於六百里的土地，那么齐国的势力就削弱了。你这样做，北削弱齐国，西亲善于秦，并有利得到商於来增加财富，这一计策将有三种好处都到手。"怀王听了很高兴，于是就把宰相的印玺交给张仪，每天和张仪饮酒作乐，并且宣称"我又得到我的商於土地了"。群臣都来向王道贺，只有陈轸来悼慰。怀王说："为什么你来悼慰呢？"陈轸答道："秦国看重王的原因，是因为王有齐支援。现在楚国未必能得到商於的土地而先和齐国绝齐，这是楚国孤立自己，秦国又怎么会重视一个孤立无援的国家呢？必定会轻视楚国的。如果先让秦国交出土地，然后我们再和齐国绝

兔尊　西周中期。通高
17.2厘米，宽18.3厘米，
重2.62千克。

交，那样秦国的诡计就不会实现。楚国先和齐国绝交，然后楚国再向秦国要土地，一定会受到张仪的欺骗。受到张仪的欺骗，王一定会怨恨张仪。怨恨张仪，那将是西边引来秦国的祸患，北边断绝齐国的邦交。这样一来两国的军队一定会来攻打楚国。所以我来悼慰。"楚王不听，就派遣一位将军和张仪一起西去秦国接受土地。

【原文】

张仪至秦，详醉坠车，称病不出三月，地不可得。楚王曰："仪以吾绝齐为尚薄邪？"乃使勇士宋遗北辱齐王。齐王大怒，折楚符而合于秦。秦齐交合，张仪乃起朝，谓楚将军曰："子何不受地？从某至某，广袤六里。"楚将军曰："臣之所以见命者六百里，不闻六里。"即以归报怀王。怀王大怒，兴师将伐秦。陈轸又曰："伐秦非计也。不如因赂之一名都，与之伐齐，是我亡于秦，取偿于齐也，吾国尚可全。今王已绝于齐而责欺于秦，是吾合秦齐之交而来天下之兵也，国必大伤矣。"楚王不听，遂绝和于秦，发兵西攻秦。秦亦发兵击之。

十七年春，与秦战丹阳，秦大败我军，斩甲士八万，虏我大将军屈匄、裨将军逢侯丑等七十余人，遂取汉中之郡。楚怀王大怒，乃悉国兵复袭秦，战于蓝田，大败楚军。韩、魏闻楚之困，乃南袭楚，至于邓。楚闻，乃引兵归。

【译文】

张仪回到秦国，假装喝醉了从车上摔下来，以此为借口说生病，三个月都不出门，商於的土地无法得到。楚王说："张仪认为我和齐国绝交还不够彻底吗？"于是派勇士宋遗北上侮辱齐王。齐王大怒，就折断楚国符节跟秦联合。秦、齐两国联合后，张仪才上朝，对楚将军说："你为什么不接受土地？从某地到某地，纵横六里。"楚将军说："我奉命接收的是六百里，没听说是六里。"就回国把这消息报告楚王。怀王大怒，将要兴兵伐秦。陈轸又说："攻打秦国并不是好的办法，不如用一个大的城邑去贿赂秦国，和秦国一齐去攻打齐国，这样，我们丢失给秦国的土地，可以从齐国得到补偿，我们楚国还可以保全。现在王已经和齐国绝交，去责问秦国欺骗之罪，这是我们撮合秦、齐两国的交情，而又招来各国军队围攻自己，国家一定会受到严重的损害的。"楚王不听，于是和秦国断绝友好关系，发兵西攻秦国，秦也发兵迎击。

十七年春，和秦军在丹阳会战，秦军大败楚军，杀了八万楚兵，俘虏了楚国大将军屈匄、副将军逢侯丑等七十余人，于是夺取了楚国的汉中。楚王大怒，就调集全国的军队，再次袭击秦军，在蓝田会战，秦又大败楚军。韩、魏两国听说楚国遭遇严重挫折，于是出兵南袭楚国，直到邓地。楚王听到这个消息，才领兵退回。

【原文】

　　十八年，秦使使约复与楚亲，分汉中之半以和楚。楚王曰："愿得张仪，不愿得地。"张仪闻之，请之楚。秦王曰："楚且甘心于子，奈何？"张仪曰："臣善其左右靳尚，靳尚又能得事于楚王幸姬郑袖，袖所言无不从者。且仪以前使负楚以商於之约，今秦楚大战，有恶，臣非面自谢楚不解。且大王在，楚不宜敢取仪。诚杀仪以便国，臣之愿也。"仪遂使楚。

　　至，怀王不见，因而囚张仪，欲杀之，仪私于靳尚，靳尚为请怀王曰："拘张仪，秦王必怒。天下见楚无秦，必轻王矣。"又谓夫人郑袖曰："秦王甚爱张仪，而王欲杀之，今将以上庸之地六县赂楚，以美人聘楚王，以宫中善歌者为之媵。楚王重地，秦女必贵，而夫人必斥矣。夫人不若言而出之。"郑袖卒言张仪于王而出之。仪出，怀王因善遇仪，仪因说楚王以叛从约而与秦合亲，约婚姻。张仪已去，屈原使从齐来，谏王曰："何不诛张仪？"怀王悔，使人追仪，弗及。是岁，秦惠王卒。

【译文】

十八年，秦国派遣使者约定再和楚国友好，答应把汉中的土地一半还给楚国，以与楚国讲和。楚王说："希望得到张仪，而不希望得到土地。"张仪听到这个消息，要求前往楚国。秦王说："楚王受你的骗，对你哪里能甘心，你怎么办呢？"张仪说："我和楚王的亲信靳尚很要好，靳尚又能侍奉楚王的宠姬郑袖，郑袖所说的话，楚王没有不听从的。而且我上次出使，背弃了给楚国商於

夺卤　西周中期。通高27.5厘米，口径18.5～19.8厘米，重2.07千克。

土地的诺言，现在秦楚大战，结下了仇怨，如果我不当面向楚王谢罪，这个结一定没办法解开。再说有大王在，楚国应该不敢冒然逮捕我，如果杀掉我而对秦国有利，这也是我的愿望。"于是张仪就出使楚国。

到了楚国，怀王不愿接见他，并且把他囚禁起来，想要杀他。张仪暗地贿赂靳尚，靳尚替他向怀王请求说："囚禁张仪，秦王一定发怒，天下诸侯看到楚国没有秦国作朋友，一定会看轻王的。"又对夫人郑袖说："秦王非常宠信张仪，而怀王想杀他，现在秦王将用上庸六县的土地来贿赂楚国，将美人送给怀王，并且以宫中擅长歌舞的人作为侍女。王看重土地，秦女也一定会得宠，那么夫人一定会被斥退了，夫人不如向王进言，释放张仪。"于是郑袖向楚王替张仪说情而释放了张仪。张仪获得释放后，怀王又善待张仪，于是张仪趁机劝说怀王背叛合纵盟约而和秦国和好亲善，相约两国通婚。张仪离开后，屈原从齐国出使回来劝谏怀王说："为什么不杀张仪呢？"于是怀王很后悔，就派人去追张仪，可是已经来不及了。这一年秦惠王去世。

【原文】

　　二十年，齐湣王欲为从长，恶楚之与秦合，乃使使遗楚王书曰："寡人患楚之不察于尊名也。今秦惠王死，武王立，张仪走魏，樗里疾、公孙衍用，而楚事秦。夫樗里疾善乎韩，而公孙衍善乎魏；楚必事秦，韩、魏恐，必因二人求合于秦，则燕、赵亦宜事秦。四国争事秦，则楚为郡县矣。王何不与寡人并力收韩、魏、燕、赵，与为从而尊周室，以案兵息民，令于天下？莫敢不乐听，则王名成矣。王率诸侯并伐，破秦必矣。王取武关、蜀、汉之地，私吴、越之富而擅江海之利，韩、魏割上党，西薄函谷，则楚之强百万也。且王欺于张仪，亡地汉中，兵锉蓝田，天下莫不代王怀怒。今乃欲先事秦！愿大王孰计之。"

【译文】

　　二十年，齐湣王想要做纵约长，怨恨楚国与秦和好，于是就派遣使者送一封信给怀王说："我担忧楚王不重视名号的尊贵。现在秦惠王已经死了，武王即位，张仪逃奔到魏国，樗里疾、公孙衍被武王重用，而楚国竟然还去侍奉秦国。樗里疾和韩亲善，而公孙衍和魏亲善，楚国一定要侍奉秦国，韩、魏两国害怕，一定会通过他们两人请求跟秦国和好，那么燕、赵也会继而侍奉秦。四国争着侍奉秦国，楚国就会变成秦国的郡县了。王何不与我齐心协力去拉拢韩、魏、燕、赵四国，同他们合纵尊崇周王室，以求按兵不动，休养人民，而号令于天下？天下没有人敢不听你的命令，那么你的声名也就成就了。那个时候，王率领诸侯一齐去攻打秦国，一定会打败秦国。王夺取武关、蜀、汉的土地，垄断吴、越的财富，独占长江、东海的利益，韩、魏割让上党的土地，西边直逼函谷关，那么楚的国力将增强百万倍。再说你被张仪欺骗，丧失了汉中的土地，军队在蓝田战败，天下人没有不替大王心怀愤怒的。现在你竟然自己先要去侍奉秦国，希望大王仔细地考虑。"

【原文】

　　楚王业已欲和于秦，见齐王书，犹豫不决，下其议群臣。群臣或言和秦，或曰听齐。昭雎曰："王虽东取地于越，不足以刷耻；必且取地于秦，而后足以刷耻于诸侯。王不如深善齐、韩以重樗里疾，如是则王得韩、齐之重以求地矣。秦破韩宜阳，而韩犹复事秦者，以先王墓在平阳，而秦之武遂去之七十里，以故尤畏秦。不然，秦攻三川，赵攻上党，楚攻河外，韩必亡。楚之救韩，不能使韩不亡，然存韩者楚也。韩已得武遂于秦，以河山为塞，所报德莫如楚厚，臣以为其事王必疾。齐之所信于韩者，以韩公子眛为齐相也。韩已得武遂于秦，王甚善之，使之以齐、韩重樗里疾，疾得齐、韩之重，其主弗敢弃疾也。今又益之以楚之重，樗里子必言秦，复与楚之侵地矣。"于是怀王许之，竟不合秦，而合齐以善韩。

【译文】

　　楚王本来已经打算和秦和好，见到齐王的信，又犹豫不决起来，于是就和群臣讨论。群臣有的人主张和秦和好，有的人主张听从齐王的意见。昭雎说："王即使东得越国的土地，不足以洗刷耻辱；一定要夺回被秦国占领的土地，然后才能在诸侯面前刷洗耻辱。王不如深交齐、韩两国，以提高樗里疾的权位，这样，大王你就可依仗韩、齐的帮助，必定可以要回秦国侵占的土地了。秦国曾攻下韩国的宜阳，而韩国仍然侍奉秦国，是因为韩国先王的陵墓在平阳的关系，而秦国的武遂距离宜阳只有七十里，因此韩国特别畏惧秦国。否则，秦国攻打三川，赵国攻打上党，楚国攻打河外，韩国必定会灭亡。楚国虽然出兵救韩，也不能保证韩国不灭亡，然而在名义上保存韩国的是楚国。现在韩国已从秦国手中得到武遂，并且以黄河、崤山作为要塞，

洀御史罍　西周中期。通高33.3厘米，宽36厘米，重9.9千克。

韩国想要报答恩德，没有比楚国更深厚的了，我以为韩国一定很快侍奉大王。齐国之所以相信韩国，是因为韩国的公子昧做齐国宰相的缘故。韩已从秦国得到武遂，大王再亲善它，使他们以齐、韩的实力去保护樗里疾，樗里疾得到齐、韩的敬重，秦王必定不敢抛弃他。现在又加上楚国的敬重，樗里疾一定会向秦王进言，把秦以前侵略楚国的土地还给我们。"于是怀王赞成昭雎的意见，不和秦国联合，而与齐国联合去亲善韩国。

【原文】

　　二十四年，倍齐而合秦。秦昭王初立，乃厚赂于楚。楚往迎妇。二十五年，怀王入与秦昭王盟，约于黄棘。秦复与楚上庸。二十六年，齐、韩、魏为楚负其从亲而合于秦，三国共伐楚。楚使太子入质于秦而请救。秦乃遣客卿通将兵救楚，三国引兵去。

【译文】

　　二十四年，楚国背叛齐国和秦国联合。秦昭王刚即位，于是就用很多财物来贿赂楚国。楚国并且派人前往秦国迎娶新妇。二十五年，怀王到秦和秦昭王会盟，在黄棘订立盟约。秦国重新归还楚国的上庸。二十六年，齐、韩、魏三国因为楚背叛合纵盟约而归附秦国，三国联合出兵来攻打楚国。楚国派太子到秦国做人质而向秦求救。于是秦王派遣客卿通率兵来救楚，齐、韩、魏三国就率军退走。

【原文】

　　二十七年，秦大夫有私与楚太子斗，楚太子杀之而亡归。二十八年，秦乃与齐、韩、魏共攻楚，杀楚将唐

昧，取我重丘而去。二十九年，秦复攻楚，大破楚，楚军死者二万，杀我将军景缺。怀王恐，乃使太子为质于齐以求平。三十年，秦复伐楚，取八城。秦昭王遗楚王书曰："始寡人与王约为弟兄，盟于黄棘，太子为质，至欢也。太子陵杀寡人之重臣，不谢而亡去，寡人诚不胜怒，使兵侵君王之边。今闻君王乃令太子质于齐以求平。寡人与楚接境壤界，故为婚姻，所从相亲久矣。而今秦楚不欢，则无以令诸侯。寡人愿与君王会武关，面相约，结盟而去，寡人之愿也。敢以闻下执事。"楚怀王见秦王书，患之。欲往，恐见欺；无往，恐秦怒。昭睢曰："王毋行，而发兵自守耳。秦虎狼，不可信，有并诸侯之心。"怀王子子兰劝王行，曰："奈何绝秦之欢心！"于是往会秦昭王。昭王诈令一将军伏兵武关，号为秦王。楚王至，则闭武关，遂与西至咸阳，朝章台，如蕃臣，不与亢礼。楚怀王大怒，悔不用昭子言。秦因留楚王，要以割巫、黔中之郡。楚王欲盟，秦欲先得地。楚王怒曰："秦诈我，而又强要我以地！"不复许秦。秦因留之。

【译文】

二十七年，秦国有一位大夫私下和楚太子殴斗，楚太子杀了他然后逃跑回国。二十八年，秦国就和齐、韩、魏三国一起来攻打楚国，杀死楚将唐昧，夺取楚国的重丘而去。二十九年，秦又攻打楚，大败楚军，杀死楚军士卒两万人，并且杀死了楚将景缺。怀王非常害怕，于是就派太子到齐国做人质以跟齐国议和。三十年，秦国再次讨伐楚国，夺取八座城邑。秦昭王送信给楚王说："以前我和王约定为兄弟，在黄棘结盟，楚国送太子作为人质，双方十分融洽。但是太子杀死我的重臣，竟然不向我认罪而私自逃回，我实在非常恼怒，所以才出兵侵犯你的边疆。现在听说你竟命令太子到齐国做人质来求和，秦国和楚国接壤相邻，所以有婚姻关系，这种亲戚关系有久远的历史。现在秦、楚两国关系恶化，就无法号令诸侯了，所以我愿意和君王在武关相会，当面定约，结上盟好然后分离，这是我的意愿，冒昧地把这个想法告诉您手下办事的。"楚怀王看到秦王的信，十分忧虑。想要去，恐怕受到欺骗，想不去，又害怕激怒秦王。昭雎说："王不要去，只要发动军队坚守城池就好了。秦国像虎狼一样，是不可以相信的，而且又有并吞诸侯的野心。"怀王的儿子子兰劝怀王前往，说："为何要拒绝秦王的好意呢？"于是怀王就前往武关和秦昭王会面。昭王进行欺诈，命令一位将军在武关埋伏军队，打着秦王的旗号。等到楚王一到，秦兵立即关闭武关，劫持楚王一起往西到咸阳去，在章台朝见秦昭王，昭王对待他，就如同对待属国的臣子一样，不用平等的礼节来相见。楚怀王大怒，后悔不听昭雎的话。秦王就扣留了楚王，胁迫他割让巫、黔中的郡县。楚王想要和秦定盟约，但是秦王却先要取得土地。楚王很愤怒地说："秦王骗我来，又强迫我割让土地。"不再答应秦王。秦王因而留下楚王，不让他回去。

【原文】

　　楚大臣患之，乃相与谋曰："吾王在秦不得还，要以割地，而太子为质于齐，齐、秦合谋，则楚无国矣。"乃欲立怀王子在国者。昭雎曰："王与太子俱困于诸侯，而今又倍王命而立其庶子，不宜。"乃诈赴于齐，齐湣王谓其相曰："不若留太子以求楚之淮北。"相曰："不可，郢中立王，是吾抱空质而行不义于天下也。"或曰："不然。郢中立王，因与其新王市曰'予我下东国，吾为王杀太子；不然，将与三国共立之'，然则东国必可得矣。"齐王卒用其相计而归楚太子。太子横至，立为王，是为顷襄王。乃告于秦曰："赖社稷神灵，国有王矣。"

【译文】

　　楚国大夫对这件事非常忧虑，于是相互商议说："我们君王在秦国不能回来，秦国胁迫他割地，而太子又在齐国当人质，如果齐、秦两国合谋，那么楚国就要灭亡了。"于是想要立怀王在楚国的儿子为王。昭雎说："王和太子都被诸侯扣留，现在又违背王的命令而立他的庶子为王，是很不应该的。"于是就假装去齐国报丧。齐湣王对宰相说："不如挽留楚太子来索求楚国淮北的土地。"齐相说："不行，如果楚国另立新王，我们等于抱着无用的人质，行不义于天下了！"有人说："不是这样。如果楚国另立新王，我们可以借着这个机会和新王交换条件说：'给我们下东国的土地，我们替

来父盉　西周中期。通高21.5厘米，口径13.5厘米，重2.14千克。

你杀死太子，不然，我们将和三国一起拥立太子即位。'这样，下东国的土地一定可以得到了。"齐王最后还是采用宰相的计谋而送回楚太子。太子横回到楚国，即位为王，这就是顷襄王。于是就通告秦国说："我们依靠社稷神灵的庇护，楚国有了新王了。"

【原文】

顷襄王横元年，秦要怀王不可得地，楚立王以应秦，秦昭王怒，发兵出武关攻楚，大败楚军，斩首五万，取析等十五座城邑离去。二年，楚怀王亡逃归，秦觉之，遮楚道，怀王恐，乃从间道走赵以求归。赵主父在代，其子惠王初立，行王事，恐，不敢入楚王。楚王欲走魏，秦追至，遂与秦使复之秦。怀王遂发病。顷襄王三年，怀王卒于秦，秦归其丧于楚。楚人皆怜之，如悲亲戚。诸侯由是不直秦。秦楚绝。

【译文】

顷襄王横元年，秦国要挟楚怀王还是不能得到土地，楚国却以拥立新王来对付秦国。秦昭王大怒，发兵出武关来攻打楚国，大败楚军，斩首五万，夺取析城等十五座城邑而去。二年，楚怀王潜逃回国，秦国发觉了，就派人封锁通往楚国的道路来拦截他。怀王很惊恐，就从小路逃到赵国而求赵借道而归。这时赵主父在代地，他的儿子惠王刚即位，代行赵王的职权，畏惧秦国的威力，而不敢收容楚王。楚王想要逃到魏国，但是秦兵已经追上他了，于是只好和秦使一起再回到秦国。从此，怀王就生病了。顷襄王三年，怀王死在秦国，秦王将他的尸体送还楚国。楚国人民都非常哀怜他，好像死了亲戚一般的悲伤。各国诸侯从此不再相信秦国，而秦、楚两国从此绝交。

【原文】

六年，秦使白起伐韩于伊阙，大胜，斩首二十四万。秦乃遗楚王书曰："楚倍秦，秦且率诸侯伐楚，争一旦之命。愿王之饬士卒，得一乐战。"楚顷襄王患之，乃谋复与秦平。七年，楚迎妇于秦，秦楚复平。

十一年，齐、秦各自称为帝；月余，复归帝为王。

十四年，楚顷襄王与秦昭王好会于宛，结和亲。十五年，楚王与秦、三晋、燕共伐齐，取淮北。十六年，与秦昭王好会于鄢。其秋，复与秦王会穰。

【译文】

　　六年，秦国派白起带兵攻打韩国，在伊阙大胜韩军，斩杀韩国官兵二十四万，于是秦王就写了一封信给楚王说："因为楚国背叛秦国，所以秦国将要率领各国的军队来攻打楚国，和楚国一决胜负。希望王好好地整顿部队，让我们痛痛快快地打一仗。"楚顷襄王看到秦王的信，忧心忡忡，于是就计议和秦国重修旧好。七年，楚王派人到秦国迎娶新妇，秦楚又和好如初。

　　十一年，齐、秦两国各自称帝；经过一个多月，又撤去帝号，仍旧称王。

　　十四年，楚顷襄王和秦昭王在宛地友好相会，结为亲善关系。十五年，楚王和秦国、三晋、燕国共同讨伐齐国，夺取了淮北土地。十六年，顷襄王和秦昭王友好地在鄢郢相会。秋天，又和秦王在穰邑相会。

白起　战国时期秦国名将。郿县(今陕西郿县东北)人，中国历史上著名的军事家、统帅。

【原文】

　　十八年，楚人有好以弱弓微缴加归雁之上者，顷襄王闻，召而问之。对曰："小臣之好射鶀雁，罗鸗，小矢之发也，何足为大王道也。且称楚之大，因大王之贤，所弋非直此也。昔者三王以弋道德，五霸以弋战国。故秦、魏、燕、赵者，鶀雁也；齐、鲁、韩、卫者，青首也；驺、费、郯、邳者，罗鸗也。外其余则不足射者。见鸟六双，以王何取？王何不以圣人为弓，以勇士为缴，时张而射之？此六双者，可得而囊载也。其乐非特朝昔之乐也，其获非特凫雁之实也。王朝张弓而射魏之大梁之南，加其右臂而径属之于韩，则中国之路绝而上蔡之郡坏矣。还射圉之东，解魏左肘而外击定陶，则魏之东外弃而大宋、方与二郡者举矣。且魏断二臂，颠越矣；膺击郯国，大梁可得而有也。王绪缴兰台，饮马西河，定魏大梁，此一发之乐也。若王之于弋诚好而不厌，则出宝弓，碆新缴，射噣鸟于东海，还盖长城以为防，朝射东莒，夕发沮丘，夜加即墨，顾据午道，则长城之东收而太山之北举矣。西结境于赵，而北达于燕，三国布辔，则从不待约而可成也。北游目于燕之辽东而南登望于越之会稽，此再发之乐也。若夫泗上十二诸侯，左萦而右拂之，可一旦而尽也。今秦破韩以为长忧，得列城而不敢守也；伐魏而无功，击赵而顾病，则秦魏之勇力屈矣，楚之故地汉中、析、郦可得而复有也。王出宝弓，碆新缴，涉鄢塞，而待秦之倦也，山东、河内可得而一也。劳民休众，南面称王矣。故曰秦为大鸟，负海内而处，东面而立，左臂据赵之西南，右臂傅楚鄢郢，膺击韩、魏，垂头中国，处既形便，势有地利，奋翼鼓辔，方三千里，则秦未可得独招而夜射也。"欲以激怒襄王，故对以此言。襄王因召与语，遂言曰："夫先王为秦所欺而客死于外，怨莫大焉。今以匹夫有怨，尚有报万乘，白公、子胥是也。今楚之地方五千里，带甲百万，犹足以踊跃中野也，而坐受困，臣窃为大王弗取也。"于是顷襄王遣使于诸侯，复为从，欲以伐秦。秦闻之，发兵来伐楚。

【译文】

十八年，楚国有一个善于用小弓细绳射中北归鸿雁的人，顷襄王听到了，就召他来并且询问原因。他回答说："小臣喜欢用小箭来射小雁、小鸟，这是小矢发挥的作用，这种小事哪里值得对王说呢？况且以楚国的强大，凭着大王的贤能，所取得的收获就不会只是这一点点啊。从前三王取得道德的尊号，五霸获得各国的拥护。所以说：秦、魏、燕、赵等国好像小雁；齐、鲁、韩、卫国等好像小野鸭；而驺、费、郯、邳等国不过是小鸟罢了。至于其他的小国家就不值得一射了。看到这六对小鸟，依您的意见该怎样射取呢？大王你何不用圣人做弓，以勇士为箭，看准时机张弓来射杀它们？这六对小鸟，可以射下来用小袋子把他们装起来。这种乐趣绝不是一朝一夕的快乐，这种收获也不只是小野鸭、小雁的猎物。王早上张弓去射魏国大梁的南部，射伤它的右臂，就直接牵动韩国，这样中原的道路就断绝了，而上蔡不攻自破。再转身射围城的东面，割

断魏国的左肘再向外射击定陶，那么魏国东部将被迫放弃，而大宋、方与两郡也可以一并拿下来了。而且魏国断了左右两臂，国势就动荡不安了；再从正面攻打郑国，那么大梁就可以为楚国所有了。于是王在兰台祝捷，在西河阅兵，平定魏都大梁，这是第一次射箭的快乐。如果大王对于射箭确实有兴致而不厌倦的话，那么就拿出宝弓，扣上新箭，再在箭上系上石块，到东海去射杀有钩喙的大鸟，然后整修长城作为防线。早上射取东莒，晚上射取浿丘，夜晚射取即墨，回头占据午道，这样，长城以东、太山以北就到手了。向西和赵国接境为邻，向北直通燕国，楚、赵、燕三国和属，那么合纵局面不须订约就可以形成。北到燕国的辽东游观，南可登高眺望越国的会稽，这是第二次射箭的快乐。至于泗水流域那一批诸侯，左手一指，右手一挥，一天就可以拿下来了。现在秦国虽打败韩国，却反而成了长久的忧患，得到许多城池而不敢据守；讨伐魏国而没有功绩，攻击赵国却反而受害，那么秦、魏的勇力有限，实力都快耗尽，而楚国旧有的土地汉中、析、郦等地方，也就可以再归己有了。王你使用宝弓，扣上新箭，再在箭上系上石，涉足郖塞，而等待秦兵疲困的时机，山东、河南就可统一。然后就可以安抚百姓，南面称王了。所以说：秦国是只大鸟，远离大海而独处内陆，面朝东方而站立，它的左臂控制有赵国的西南，右臂挟制楚国的鄢郢，当胸对着韩、魏两国，头却俯瞰中原，它的所处形势既方便，又占有地利，振动翅膀而飞，可以纵横三千里，所以秦国是不可以单独缚住而一夜射杀了。"这人想要激怒顷襄王，所以就以这番话来回答。因此襄王就召见他，和他长谈，于是这个楚人接着说："先王为秦王所欺骗，以至于死在国外，仇恨没有比这更大的了。如今一个普通百姓有仇恨，对方即使是万乘之君，还要设法报复，白公、子胥就是例子。何况现在楚国疆土纵横五千里，士兵有上百万，有足够的力量在战场上扬威逞强，而竟然束手为人所困，我私自以为王不该如此啊。"于是顷襄王派遣使者到诸侯各国，重新策划合纵，想联合兵力来攻伐秦国。秦王听到这个消息，就先发动军队来攻打楚国。

【原文】

楚欲与齐、韩连和伐秦，因欲图周。周王赧使武公谓楚相昭子曰："三国以兵割周郊地以便输，而南器以尊楚，臣以为不然。夫弑共主，臣世君，大国不亲；以众胁寡，小国不附。大国不亲，小国不附，不可以致名实。名实不得，不足以伤民。夫有图周之声，非所以为号也。"昭子曰："乃图周则无之。虽然，周何故不可图也？"对曰："军不五不攻，城不十不围。夫一周为二十晋，公之所知也。韩尝以二十万之众辱于晋之城下，锐士死，中士伤，而晋不拔。公之无百韩以图周，此天下之所知也。夫怨结于两周以塞驺、鲁之心，交绝于齐，声失天下，其为事危矣。夫危两周以厚三川，方城之外必为韩弱矣。所以知其然也？西周之地，绝长补短，不过百里。名为天下共主，裂其地不足以肥国，得其众不足以劲兵。虽无攻之，名为弑君。然而好事之君，喜攻之臣，发号用兵，未尝不以周为终始。是何也？见祭器在焉，欲器之至而忘弑君之乱。今韩以器之在楚，臣恐天下以器仇楚也。臣请譬之。夫虎肉臊，其兵利身，人犹攻之也。若使泽中之麋蒙虎之皮，人之攻之必万于虎矣。裂楚之地，足以肥国；诎楚之名，足以尊主。今子将以欲诛残天下之共主，居三代之传器，吞三翮六翼，以高世主，非贪而何？《周书》曰'欲起无先'，故器南则兵至矣。"于是楚计辍不行。

【译文】

楚国想和齐、韩联合攻打秦国，趁机谋取周宝。周赧王派遣武公对楚国宰相昭子说："三国想用武力割取周室郊野的土地以便运输，并且打算将宝器运到南方来尊奉楚国，我以为这种行为不应该。杀害天下共同的君主，奴役代代统治天下的周王，大国不会亲近他，依仗人多势众欺压弱小的周室，小国也不会归附他。大国不亲近，小国不归附，就无法获得威名和实利。威名和实利不能获得，就不值得为此而损伤百姓。一有图谋王室的声名，就不能号令天下了。"昭子说："楚国绝无图谋王室的事情。虽然如此，请问周室为什么不可图谋呢？"武公回答说："兵力不超过敌人的五倍不发动进攻；没有敌人的十倍，就不围城。一个周王室因共主关系相当于二十个晋国，这是你知道的。韩国曾经以二十万军队包围晋城，在晋国城下遭受侮辱，精锐的战士都死掉，一般的士卒受伤，但是晋城始终没有攻下。楚国没有韩国一百倍的军力来图谋周室，这也是天下人所共知的。现在楚国想和东西周结怨，会阻塞驺、鲁礼义之国人民向往楚国的心，和齐国断绝邦交，恶名传遍天下，这样处事就非常危险了。而且，楚国危害两周，是增强韩国的力量，那么楚国方城之外的土地，一定会为韩国所削弱。怎么知道情势会这样呢？因为西周的土地截长补短，纵横不超过百里。名义上是天下的共主，瓜分它的土地不能使国家富足，俘虏它的人民也不能使兵力强大。虽然没去攻打它，却已有弑君的恶名，可是有些好事的国君，喜欢攻伐的权臣，发布号令，指挥军队，没有不以周天子为矛头归向。这是什么原因呢？是因为看到祭器在周，想要获取祭器，而忘记弑君的祸患。现在韩国要把祭器搬到楚国，我恐怕天下各国将会因为祭器而和楚国为敌。我作个比喻：虎肉腥臊难吃，又有爪牙为武器防身，但人们还要捕杀它。如果让草泽中的麋鹿都披上老虎的皮，那么攻杀麋鹿的人必定比杀虎的多万倍。而割取楚国的土地，足以使国家富强；谴责楚国的声名，足以使国君尊荣。现在你将因为想残杀天下的共主，窃取三代的传国宝器，侵吞九鼎，来傲视其他国君，不是贪心又是什么呢？《周书》上说：'要想在政治上起家，不要首先倡乱。'所以宝器如果南迁楚国，那各国讨伐楚国的军队也就接踵而至了。"于是楚国放弃了图谋周室的计划。

【原文】

十九年，秦伐楚，楚军败，割上庸、汉北地予秦。二十年，秦将白起拔我西陵。二十一年，秦将白起遂拔我郢，烧先王墓夷陵。楚襄王兵散，遂不复战，东北保于陈城。二十二年，秦复拔我巫、黔中郡。

二十三年，襄王乃收东地兵，得十余万，复西取秦所拔我江旁十五邑以为郡，距秦。二十七年，使三万人助三晋伐燕。复与秦平，而入太子为质于秦。楚使左徒侍太子于秦。

三十六年，顷襄王病，太子亡归。秋，顷襄王卒，太子熊元代立，是为考烈王。考烈王以左徒为令尹，封以吴，号春申君。

【译文】

十九年，秦国攻伐楚国，楚军战败，割上庸、汉北的土地给秦国。二十年，秦将白起攻下楚国的西陵城。二十一年，秦将白起攻下楚都郢都，烧毁了先王坟墓夷陵。楚襄王的军队溃逃，于是楚王不再应战，退到楚国的东北角固守着陈城。二十二年，秦国又攻下楚国巫、黔中郡。

叔钟　西周中期，通高35.9厘米，铣距18.8厘米，重8千克。共传世4件，其中之一藏于北京故宫博物院。

二十三年，襄王集合了东部各地的军队，共有十几万，又向西收复被秦军攻占的长江沿岸十五个城邑，设置郡县，来抵御秦国，二十七年，派遣三万人帮助三晋攻打燕国。又和秦国和好，而把太子送到秦国作为人质。楚王派左徒到秦国侍奉太子。

二十六年，顷襄王病了，太子逃了回来。秋天，顷襄王去世，太子熊元即位，这就是考烈王。考烈王任用左徒为令尹，把吴封给他，称为春申君。

【原文】

考烈王元年，纳州于秦以平。是时楚益弱。

【译文】

考烈王元年，把州献给秦国讲和。这时楚国的国势更加微弱。

【原文】

六年，秦围邯郸，赵告急楚，楚遣将军景阳救赵。七年，至新中。秦兵去。十二年，秦昭王卒，楚王使春申君吊祠于秦。十六年，秦庄襄王卒，秦王赵政立。二十二年，与诸侯共伐秦，不利而去。楚东徙都寿春，命曰郢。

【译文】

六年，秦兵包围邯郸，赵国向楚国告急求救，楚国派遣将军景阳救赵。七年，景阳的军队到达新中。秦兵撤兵。十二年，秦昭王死，楚王派春申君到秦国去吊祭。十六年，秦庄襄王死，秦王政即位。二十二年，楚国和诸侯共同讨伐秦国，战败而退。楚国迁都到东边的寿春，命名为郢。

【原文】

二十五年，考烈王卒，子幽王悍立。李园杀春申君。幽王三年，秦、魏伐楚。秦相吕不韦卒。九年，秦灭韩。十年，幽王卒，同母弟犹代立，是为哀王。哀王立二月余，哀王庶兄负刍之徒袭杀哀王而立负刍为王。是岁，秦虏赵王迁。

【译文】

　　二十五年，考烈王死，儿子幽王悍继位。李园杀死春申君。幽王三年，秦、魏联军攻打楚国。秦国宰相吕不韦去世。九年，秦国灭掉韩国。十年，幽王去世，同母的弟弟犹继位，这就是哀王。哀王即位两个多月，庶兄负刍的党羽突然杀死哀王，而立负刍为王。这一年，秦国俘虏了赵王迁。

【原文】

　　王负刍元年，燕太子丹使荆轲刺秦王。二年，秦使将军伐楚，大破楚军，亡十余城。三年，秦灭魏。四年，秦将王翦破我军于蕲，而杀将军项燕。

【译文】

　　王负刍元年，燕太子丹派遣荆轲行刺秦王。二年，秦派将军攻打楚国，大败楚军，攻占十余座城邑。三年，秦国灭掉魏国。四年，秦将王翦在蕲地打败楚军，并且杀了将军项燕。

【原文】

　　五年，秦将王翦、蒙武遂破楚国，虏楚王负刍，灭楚为郡云。

【译文】

　　五年，秦将王翦、蒙武终于灭亡楚国，俘虏了楚王负刍，取消楚的国号，改设郡县。

【原文】

　　太史公曰：楚灵王方会诸侯于申，诛齐庆封，作章华台，求周九鼎之时，志小天下；及饿死于申亥之家，为天下笑。操行之不得，悲夫！势之于人也，可不慎与？弃疾以乱立，嬖淫秦女，甚乎哉，几再亡国！

【译文】

　　太史公说：当楚灵王正在申邑会合诸侯，杀死齐国的庆封，建造章华台，索取周室九鼎的时候，志向远大，小视天下，等到饿死在申亥家中的时候，却被天下人所耻笑。操守、品行不能达到，是多么令人悲伤啊！权势之对于人们是这样的重要，能不谨慎吗？弃疾利用变乱而即位，宠爱秦女，淫邪太过了，以致于几乎使楚国两次亡国！

越王勾践世家

【原文】

越王勾践，其先禹之苗裔，而夏后帝少康之庶子也。封于会稽，以奉守禹之祀。文身断发，披草莱而邑焉。后二十余世，至于允常。允常之时，与吴王阖闾战而相怨伐。允常卒，子勾践立，是为越王。

元年，吴王阖闾闻允常死，乃兴师伐越。越王勾践使死士挑战，三行，至吴陈，呼而自刭。吴师观之，越因袭击吴师，吴师败于檇李，射伤吴王阖闾。阖闾且死，告其子夫差曰："必毋忘越。"

【译文】

越王勾践的祖先，是夏禹的子孙，夏后帝少康的小儿子。少康把他封在会稽，让他负责看守供奉禹的祭祀。他们身上刺着花纹，削短了头发，除去蓬蒿，开辟荒野，建立城邑。后来经历了二十多代，传到了允常。允常在位的时候，越侯与吴王阖闾发生战争，相互间结下了怨恨，互相攻伐。允常去世以后，允常的儿子勾践继承王位，这就是越王。

勾践元年，吴王阖闾听说允常去世，就起兵讨伐越国。越王勾践派了敢死队前去迎战，排成三行，冲到吴国的军阵前，大声呼叫，并一齐刎颈自杀。吴国的军队注目凝视，全部看傻了眼，越国就乘机袭击吴国，在檇李打败了吴军。并且用箭射伤吴王阖闾。阖闾临终，嘱咐他的儿子夫差说："一定不要忘记越国！"

【原文】

三年，勾践闻吴王夫差日夜勒兵，且以报越，越欲先吴未发往伐之。范蠡谏曰："不可。臣闻兵者凶

器也，战者逆德也，争者事之末也。阴谋逆德，好用
凶器，试身于所末，上帝禁之，行者不利。"越王曰：
"吾已决之矣。"遂兴师。吴王闻之，悉发精兵击越，
败之夫椒。越王乃以余兵五千人保栖于会稽。吴王追
而围之。

【译文】

范蠡 （前517－前448） 字少
伯，楚国宛（今河南南阳）人，春
秋战国末期的政治家、军事家和
经济学家。

勾践即位三年，勾践听说吴王夫差日夜操练兵马，准
备报复越国。越国想先发制人，在吴国未出兵之前先征伐
吴国，范蠡就劝谏说："不可以！我听说过：兵器就是凶
器，发动战争就是违背道义，争夺就是处事中的下策。
暗中策划违背道义的事，喜欢使用凶器，亲身参与战
争，上天暗中会抛弃他，那样去做一定没有好处！"越
王说："我已经决定了！"于是兴兵去攻打吴国，吴王
听到越王出兵的消息，挑选全部精兵一齐出动还击越
国，在夫椒打败越军。越王只能用残兵五千人，退守在会稽山上。吴王追击包
围了他们。

【原文】

　　越王谓范蠡曰："以不听子故至于此，为之奈何？"
蠡对曰："持满者与天，定倾者与人，节事者以地。卑
辞厚礼以遗之，不许，而身与之市。"勾践曰："诺。"乃
令大夫种行成于吴，膝行顿首曰："君王亡臣勾践使陪
臣种敢告下执事：勾践请为臣，妻为妾。"吴王将许之。
子胥言于吴王曰："天以越赐吴，勿许也。"种还，以报
勾践。勾践欲杀妻子，燔宝器，触战以死。种止勾践曰：
"夫吴太宰嚭贪，可诱以利，请间行言之。"于是勾践乃
以美女宝器令种间献吴太宰嚭。嚭受，乃见大夫种于吴
王。种顿首言曰："原大王赦勾践之罪，尽入其宝器。不
幸不赦，勾践将尽杀其妻子，燔其宝器，悉五千人触战，
必有当也。"嚭因说吴王曰："越以服为臣，若将赦之，
此国之利也。"吴王将许之。子胥进谏曰："今不灭越，

后必悔之。勾践贤君，种、蠡良臣，若反国，将为乱。"

吴王弗听，卒赦越，罢兵而归。

【译文】

越王对范蠡说："由于不听你的话，才弄到这个地步，现在该怎么办呢？"范蠡回答说："人生能够保守成业的人，就能得到上天的保佑；能够平定倾覆的人，就能得到众人的帮助；能够精简节约的人，就能够得到地利。现在只有用谦卑的言辞，以厚礼相送，如果吴王不答应讲和，你只好把自己作抵押，去侍奉吴王。"勾践说："好的。"就命令大夫文种到吴国去求和，文种用膝盖跪地前行，向吴王叩头说："君王！你亡国的臣子勾践，派陪臣文种，大胆地向您手下的执事先生报告：勾践请求做您的奴仆，他的妻子甘愿做您的侍妾！"吴王准备答应他，伍子胥对吴王说："上天有意将越国赐给了吴国，不要答应他！"文种回国将吴国拒绝的意思向勾践报告，勾践就想杀掉妻子儿女，烧毁宝器，然后决一死战。文种制止勾践，并对勾践说："吴国的太宰嚭很贪心，可以用利益来引诱，请派我暗中向他表明。"于是勾践就用美女和宝器，命令文种秘密地去献给太宰嚭，嚭接受了，就引见大夫文种去见吴王。文种叩头说："希望大王能赦免勾践的罪过，勾践就会把越国的宝器全部献给吴国。如果还不能赦免勾践，那勾践将要杀尽他的妻妾与孩子，烧毁全部宝器，率全部五千人与吴国决一死战，一定要让我们讨出相当的代价！"嚭就乘机劝说吴王："越国已经降服为臣子，如果能赦免他，这对国家是有利的。"吴王准备答应赦免越王。伍子胥又进谏说："现在不消灭越国，将来一定会后悔，勾践是一位贤明的君主，文种、范蠡都是贤良的臣子，如果让他们从会稽返回越国，将会造成叛乱。"吴王不听，最终赦免了越国，退兵回国。

【原文】

勾践之困会稽也，喟然叹曰："吾终于此乎？"种曰："汤系夏台，文王囚羑里，晋重耳奔翟，齐小白奔莒，其卒王霸。由是观之，何遽不为福乎？"

吴既赦越，越王勾践反国，乃苦身焦思，置胆于坐，坐卧即仰胆，饮食亦尝胆也，曰："女忘会稽之耻邪？"身自耕作，夫人自织，食不加肉，衣不重彩，折节下贤人，厚遇宾客，振贫吊死，与百姓同其劳。欲使范蠡治国政，蠡对曰："兵甲之事，种不如蠡；填抚国家，亲附百姓，蠡不如种。”于是举国政属大夫种，而使范蠡与大夫柘稽行成，为质于吴。二岁而吴归蠡。

【译文】

　　勾践被围困在会稽山上的时候，曾喟然叹息说：“我将在此终结一生吗？”文种便说：“汤曾被关在夏桀的台里，文王曾被囚在羑里，晋国的公子重耳逃奔翟国，齐国的公子小白逃奔莒国，他们最后都称王称霸。由此看来，怎见得祸不能转化为福呢？”

　　吴王赦免了越王，越王勾践返回到越国，于是勤劳受苦，忧心苦思，把一个苦胆悬挂在自己的座位旁，坐着、卧着时常仰望着面前的苦胆，吃饭的时候也尝尝胆汁，并且提醒自己说：“你忘了会稽所受的耻辱吗？”勾践亲自耕种劳作，夫人也亲自纺织，食物中肉类并不多，衣着色彩并不华丽鲜艳，放下架子谦恭地对待贤德之人，对待宾客优厚礼遇，赈济穷人，吊慰死者，与百姓同共苦。勾践想让范蠡来主持国家的政务，范蠡说：“用兵打仗，文种比不上我；至于镇安国家、使百姓亲附，我也比不上文种。”勾践于是把国家政事嘱托给大夫文种，而派范蠡和大夫柘稽，去吴国议和，留在吴国作人质。二年以后，吴国放回了范蠡。

【原文】

　　勾践自会稽归七年，抚循其士民，欲用以报吴。大夫逢同谏曰：“国新流亡，今乃复殷给，缮饰备利，吴必惧，惧则难必至。且鸷鸟之击也，必匿其形。今夫吴兵加齐、晋，怨深于楚、越，名高天下，实害周室，德少而功多，必淫自矜。为越计，莫若结齐，亲楚，附晋，以厚吴。吴之志广，必轻战。是我连其权，三国伐之，越承其弊，可克也。”勾践曰：“善。”

越王勾践剑

【译文】

　　勾践从会稽归国的七年，一直抚慰越国的士兵和百姓，想向吴国报仇。大夫逢同进谏说：“国家刚刚遭遇流亡，现在重新殷实富裕，如果致力于整顿军备，吴国一定会害怕，一害怕，灾难就会降临。况且凶猛的鸟袭

击目标时，一定故意隐藏它的凶相。现在吴国的军力正在讨伐齐、晋；对楚、越也结下了深仇大恨，名声虽高过于天下各国，实际上损害了周朝的威信，德行少而战功多，一定会骄横狂妄。若真要为越国打算，不如结交齐国，亲近楚国，依附晋国，厚待吴国，吴国的野心很大，一定会轻易发动战争，这便是我们联络援助之势的机运，齐、晋、楚三国来讨伐吴国，越国乘着吴国疲惫的时候去进攻，就可以打败它。"勾践说："很好。"

【原文】

　　居二年，吴王将伐齐。子胥谏曰："未可。臣闻勾践食不重味，与百姓同苦乐。此人不死，必为国患。吴有越，腹心之疾，齐与吴，疥癣也。愿王释齐，先越。"吴王弗听，遂伐齐，败之艾陵，虏齐高、国以归。让子胥。子胥曰："王毋喜！"王怒，子胥欲自杀，王闻而止之。越大夫种曰："臣观吴王政骄矣，请试尝之贷粟，以卜其事。"请贷，吴王欲与，子胥谏勿与，王遂与之，越乃私喜。子胥言曰："王不听谏，后三年吴其墟乎！"太宰嚭闻之，乃数与子胥争越议，因谗子胥曰："伍员貌忠而实忍人，其父兄不顾，安能顾王？王前欲伐齐，员强谏，已而有功，用是反怨王。王不备伍员，员必为乱。"与逢同共谋，谗之王。王始不从，乃使子胥于齐，闻其托子于鲍氏，王乃大怒，曰："伍员果欺寡人！"役反，使人赐子胥属镂剑以自杀。子胥大笑曰："我令而父霸，我又立若，若初欲分吴国半予我，我不受，已，今若反以谗诛我。嗟乎，嗟乎，一人固不能独立！"报使者曰："必取吾眼置吴东门，以观越兵入也！"于是吴任嚭政。

【译文】

　　又过了二年，吴王将去征伐齐国，伍子胥进谏说："不可以的，我听说勾践吃饭时不吃两样好菜，和百姓同甘共苦，这个人不死，一定会成为国家的祸患，越王勾践，是心腹大患呀；齐国对吴国来说，不过是疥疮癣斑一样的小病。希望王能放弃攻齐的计划，先打越国。"吴王不听，就去征伐齐国，在艾陵打败了齐国的军队，俘虏了齐国的高张和国夏，凯旋归来，便去责备伍子胥。伍子胥

刖人鬲 西周晚期。通高 13.5厘米，口径11.2×9厘米，重1.46千克。

说："王不要太高兴了！"吴王大怒，伍子胥就想自杀，吴王听说后急忙制止。越国的大夫文种说："我看吴王执政已十分骄傲，请试着去向他借粮食，借以试探他对越国的态度，可以卜问出事态发展的契机。"文种就向吴国请求借粮，吴王想借给越国，伍子胥进谏说不要借，吴王还是决定借了，越国暗自高兴。伍子胥说："王现在不听劝谏，三年以后，吴国将是废墟一片！"太宰嚭听说此话，屡次和伍子胥争论对付越国的策略，借机进谗言陷害伍子胥说："伍员这个人表面上忠厚，其实是个残忍的人，他连自己的父亲和哥哥都不顾，哪里会顾到王呢？王前次想伐齐，伍员极力劝阻，后来伐齐取得成功，因此反而怨恨王，王如果不防备伍员，伍员一定会作乱。"嚭与越国的大夫逢同串通一气，用这些谗言去迷惑吴王，吴王一开始不听信谗言，就派伍子胥出使齐国。不久，听说伍子胥在齐国时，把他的儿子托付给齐国大夫鲍牧照顾，吴王于是大怒，并说："伍员果然是在欺骗我！"等到伍子胥完成任务回到吴国，吴王就派人赐给伍子胥一把锋利的属镂剑，让他自杀。伍子胥大笑说："我辅佐你父亲称霸，我又立了你，让你即位，当初你要把一半吴国分给我，我不肯受，现在你反而因为谗言要杀我，唉！唉！你孤单的一个人必然是不能独立长久的！"并告诉使者说："一定要挖取我的眼珠，挂置在吴国城东门上，以便看到越国的军队进城！"于是吴国就任命嚭主持一切政事。

【原文】

　　居三年，勾践召范蠡曰："吴已杀子胥，导谀者众，可乎？"对曰："未可。"

　　至明年春，吴王北会诸侯于黄池，吴国精兵从王，惟独老弱与太子留守。勾践复问范蠡，蠡曰："可矣。"乃发习流二千人，教士四万人，君子六千人，诸御千人，伐吴。吴师败，遂杀吴太子。吴告急于王，王方会诸侯于黄池，惧天下闻之，乃秘之。吴王已盟黄池，乃使人厚礼以请成越。越自度亦未能灭吴，乃与吴平。

【译文】

　　又过了三年，勾践召见范蠡说："吴国已杀掉了伍子胥，曲意逢迎的人愈来愈多，可以进攻吴国了吗？"范蠡回答说："还不可以。"

到了第二年的春天，吴王北上黄池和诸侯会盟，吴国精锐的部队都随吴王北上，只有老弱残兵与太子留守在吴国。勾践又问范蠡，范蠡说："可以了。"于是派水军二千人，训练有素的部队四万人，近卫部队六千人，各种在职军官一千人，讨伐吴国。吴国战败、太子也被杀害。吴国的使者向吴王告急，吴王正在黄池与诸侯会盟，怕天下诸侯知道吴国战败的消息，就严守秘密。吴王在黄池与诸侯订完了盟约，就派人送了一份厚礼，请求与越讲和。越王自己估量也不能吞并吴国，就与吴国讲和了。

【原文】

　　其后四年，越复伐吴，吴士民罢弊，轻锐尽死于齐、晋。而越大破吴，因而留围之三年，吴师败，越遂复栖吴王于姑苏之山。吴王使公孙雄肉袒膝行而前，请成越王曰："孤臣夫差敢布腹心，异日尝得罪于会稽，夫差不敢逆命，得与君王成以归。今君王举玉趾而诛孤臣，孤臣惟命是听，意者亦欲如会稽之赦孤臣之罪乎？"勾践不忍，欲许之。范蠡曰："会稽之事，天以越赐吴，吴不取。今天以吴赐越，越其可逆天乎？且夫君王蚤朝晏罢，非为吴邪？谋之二十二年，一旦而弃之，可乎？且夫天与弗取，反受其咎。'伐柯者其则不远'，君忘会稽之厄乎？"勾践曰："吾欲听子言，吾不忍其使者。"范蠡乃鼓进兵，曰："王已属政于执事，使者去，不者且得罪。"吴使泣而去。勾践怜之，乃使人谓吴王曰："吾置王甬东，君百家。"吴王谢曰："吾老矣，不能事君王！"遂自杀。乃蔽其面，曰："吾无面以见子胥也！"越王乃葬吴王而诛太宰嚭。

【译文】

　　四年以后，越国再次讨伐吴国。吴军和百姓都疲惫不堪，精锐的部队都在与齐、晋的战争中丧生，所以越国大败吴国，而留下来围困吴国。围了三年，吴国的军队彻底战败，越国就又把吴王围困于姑苏的山上。吴王派公孙雄赤露上身，跪地前行，向越王求和，他说："孤立无助的臣子夫差，冒昧地说出真心的话：当初曾在会稽得罪你，如今我不敢违背您的命令，使得夫差能与您君王讲和，就回国都。现在君王您高抬贵足，诛杀孤臣，孤臣也唯命是从，但夫差私下的心意是希望您也能像当年会稽山一样，赦免孤臣的罪过。"勾践有些不忍心，想答应了他。范蠡就说："会稽山的那件事，是上天要把越国赐给吴国，吴国不接受；现在上天把吴国赐给越国，越国难道可以违逆天意吗？况且君王您每天一早起来上朝，很晚才休息，不就是为了征服吴国吗？谋划了二十二年，一下就放弃了，可以吗？何况天赐给你，你不接受，一定反而受到上天惩罚，《诗经》上说："好像砍伐树干做斧柄，斧柄的大小模样就在旁边。'您忘记在会稽山上的灾难了吗？"勾践说："我是想听从您的意见，只是我不忍心如此对待他的使臣。"范蠡于是就击鼓进兵，并宣布说："越王已将政事交给我来处理，吴国的使者赶快离去，不然就不客气了！"吴国的使者流着泪离去了。勾践怜悯夫差，就派人去对吴王说："我想将你安置在甬东，做一个百户人家的君王。"吴王辞谢说："我已经老了，不能侍奉君王！"就自杀了，自杀时用东西把脸遮盖起来说："我没有脸面去见伍子胥啊！"越王安葬了吴王，并且杀死了太宰嚭。

【原文】

　　勾践已平吴，乃以兵北渡淮，与齐、晋诸侯会于徐州，致贡于周。周元王使人赐勾践胙，命为伯。勾践已去。渡淮南，以淮上地与楚，归吴所侵宋地于宋，与鲁泗东方百里。当是时，越兵横行于江、淮东，诸侯毕贺，号称霸王。

　　范蠡遂去，自齐遗大夫种书曰："蜚鸟尽，良弓藏；狡兔死，走狗烹。越王为人长颈鸟喙，可与共患难，不可与共乐。子何不去？"种见书，称病不朝。人或谗种且作乱，越王乃赐种剑，曰："子教寡人伐吴七术，寡人用其三而败吴，其四在子，子为我从先王试之。"种遂自杀。

　　勾践卒，子王鼫与立。王鼫与卒，子王不寿立。王不寿卒，子王翁立。王翁卒，子王翳立。王翳卒，子王之侯立。王之侯卒，子王无强立。

【译文】

　　勾践平定吴国以后，就率兵向北渡过淮河，与齐国、晋国的诸侯在徐州会盟，并向周王进献贡品。周元王派人赏赐勾践祭祀用的肉，封勾践为诸侯的领袖。勾践离开徐州以后，渡过淮河南下，将淮河上游的土地送给楚国，将吴国过去侵占的宋国的土地归还宋国，将泗水东方圆百里的土地给鲁国。当时，越国的军队在江、淮以东纵横驰骋，诸侯都来祝贺，勾践号称为霸王。

这时范蠡就离开越国，他到了齐国，从齐国给文种写信说："飞鸟射光了，良弓就会收藏起来；狡猾的兔子猎取光了，猎狗会被煮食。越王这个人脖子很长，嘴尖得像鸟嘴一样，这种人只可以共处患难，不可以同享安乐，你为什么还不离去呢？"文种见到了信，就宣称有病，不肯上朝。有人就进谗言，说文种将要谋反，越王就赐一柄剑给文种，并告诉他说："你教我七种计策去讨伐吴国，我只用了其中的三种，就打败了吴国，还有四种仍在你那里，请你替我去追随死去的先王，让他也试试你的妙计吧！"于是文种就自杀身亡。

勾践去世后，他的儿子鼫与即位。越王鼫与去世后，他的儿子不寿即位。越王不寿去世后，他的儿子翁即位。越王翁去世后，他的儿子翳即位。越王翳去世后，他的儿子之侯即位。越王之侯去世后，他的儿子无强即位。

【原文】

王无强时，越兴师北伐齐，西伐楚，与中国争强。当楚威王之时，越北伐齐，齐威王使人说越王曰："越不伐楚，大不王，小不伯。图越之所为不伐楚者，为不得晋也。韩、魏固不攻楚。韩之攻楚，覆其军，杀其将，则叶、阳翟危；魏亦覆其军，杀其将，则陈、上蔡不安。故二晋之事越也，不至于覆军杀将，马汗之力不效。所重于得晋者何也？"越王曰："所求于晋者，不至顿刃接兵，而况于攻城围邑乎？愿魏以聚大梁之下，愿齐之试兵南阳、莒地，以聚常、郯之境，则方城之外不南，淮、泗之间不东，商、於、析、郦、宗胡之地，夏路以左，不足以备秦，江南、泗上不足以待越矣。则齐、秦、韩、魏得志于楚也，是二晋不战而分地，不耕而获之。不此之为，而顿刃于河山之间以为齐、秦用，所待者如此其失计，奈何其以此王也！"齐使者曰："幸也越之不亡也！

吾不贵其用智之如目，见豪毛而不见其睫也。今王知晋之失计，而不自知越之过，是目论也。王所待于晋者，非有马汗之力也，又非可与合军连和也，将待之以分楚众也。今楚众已分，何待于晋？"越王曰："奈何？"曰："楚三大夫张九军，北围曲沃、於中，以至无假之关者三千七百里，景翠之军北聚鲁、齐、南阳，分有大此者乎？且王之所求者，斗晋楚也；晋楚不斗，越兵不起，是知二五而不知十也。此时不攻楚，臣以是知越大不王，小不伯。复雠、庞、长沙，楚之粟也；竟泽陵，楚之材也。越窥兵通无假之关，此四邑者不上贡事于郢矣。臣闻之，图王不王，其敝可以伯。然而不伯者，王道失也。故愿大王之转攻楚也。"

【译文】

越王无强的时候，越国兴兵北伐齐国，西伐楚国，与中原诸国一争高下，试图建立霸业。楚威王执政时，一次越国向北讨伐它的邻国齐国，齐威王派使者去游说越王说："越国如果不讨伐楚国，大则不能称王，小则不能称霸。估计越国之所以不讨伐楚国。主要是因为晋不肯与越为伍，韩、魏本来不会攻打楚国，韩国如攻打楚军，就会损兵折将，韩国自己的叶邑、阳翟邑都有危险；魏国也不会去攻楚国，如果魏国也损兵折将，那样就会威胁魏国的陈邑、上蔡邑的安全。即使这二晋(韩与魏)肯和你们越国合作，也不会帮你们攻打楚国，甘心覆没军队、牺牲大将，那么韩魏二国帮你们攻楚毫无利益。你们却如此看重能否得到韩、魏二国的支持？"越王说："我希望韩魏二国的，并不是要他们兴兵与楚相敌，更何况让他们把自己搞得那么疲惫去攻城围邑呢？我只希望魏国能屯兵大梁城下，希望齐国能在南阳、莒这一带布置兵力，再聚结在常邑、剡国一带，这样就可以牵制楚国方城的兵力，楚国不能南下侵越；淮河、泗水之间的楚兵也不能向东伐齐威胁越；商、於、析、郦、宗胡等地，通往中原这条大路以西的楚兵，也就不能防御秦国。江南及泗上的楚兵，也就不足以对付越国了！若能这样，齐国、秦国、韩国、魏国便可以瓜分楚国！韩国、魏国不必牺牲一兵一卒就可分得楚地，不必耕种就能收获粮食！他们非但不这样做，反而在黄河、华山之间，驻兵演习，甘心被齐国、秦国所役使，我们越国期待魏、韩二国如此殷切，而魏、

韩二国竟如此失算，你们怎么能指望借助韩魏而称王呢！"齐国的使者说："真侥幸呀！越国还没有灭亡！那些人运用智慧，好像眼睛能看清楚别处的毫毛，却看不见自己的睫毛，我实在不敢恭维那些人自以为高明的计策！现在越王您只知道韩、魏的失策，却意识不到越国自己的过错，就是刚说的'眼目'之理论罢了！您越王希望韩、魏二国做的，原来不是要他们多立战功，也不是要和他们会合军队连结盟约，只是期望他们能帮助越国去分散楚国的兵力。现在楚国的兵力早已分散了，您还指望韩魏帮您做什么呢？"越王说："依您之见我该怎么办呢？"齐国的使者便说："楚国屈、景、昭三姓的大夫已铺开他们所有的军队，向北围困魏国的曲沃、秦国的於中，一直到南方的无假关，楚国军队的战线长达三千七百里，而景翠大夫的军队又聚结在北方鲁地、齐地及韩地南阳一带，要说分散楚国的军队，还有比这更好地分散楚军兵力的形势吗？况且越王您所希望的，是想引发韩魏与楚的战争，坐收渔人之利，以为如果韩、魏不与楚开战，越国就按兵不动，这是只知道两个五而不知道十。您现在不攻打楚国，我因此知道越国从大处讲不足以称王，从小处讲不足以称霸。雠邑、庞邑、长沙等地是楚国的产粮区；竟陵泽地，是楚国的产木材区，越国如果能找到机会，举兵攻破无假关，那么这四区就不会向楚国郢都上缴粮食和木材了。我听说，想要称王天下而不能称王天下，至少还可以称霸一方；如果不能称霸的，是因为失去了王道。所以希望大王能放弃伐齐的想法，转而攻打楚国！"

【原文】

　　于是越遂释齐而伐楚。楚威王兴兵而伐之，大败越，杀王无强，尽取故吴地至浙江，北破齐于徐州。而越以此散，诸族子争立，或为王，或为君，滨于江南海上，服朝于楚。

　　后七世，至闽君摇，佐诸侯平秦。汉高帝复以摇为越王，以奉越后。东越、闽君，皆其后也。

【译文】

　　于是越国就放弃齐国而去讨伐楚国。楚威王带兵迎战越国军队，把越国打得大败，杀死了越王无强，收回越国侵吞吴国的领地，一直追到浙江沿岸，向北攻到徐州，打败了齐国的军队。越国就分崩离析了，各族子弟争相继位，有的为王，有的为君，散居在江南沿海地区，臣服于楚，向楚进贡。

　　此后的第七代越主闽君摇，协助诸侯推翻了秦朝的统治。汉高祖又封摇为越王，让他继承越国的后代。东越和闽君，都是越国的后代。

【原文】

　　范蠡事越王勾践，既苦身戮力，与勾践深谋二十余年，竟灭吴，报会稽之耻，北渡兵于淮以临齐、晋，号令中国，以尊周室，勾践以霸，而范蠡称上将军。还反国，范蠡以为大名天下，难以久居，且勾践为人可与同患，难与处安，为书辞勾践曰："臣闻主忧臣劳，主辱臣死。昔者君王辱于会稽，所以不死，为此事也。今既以雪耻，臣请从会稽之诛。"勾践曰："孤将与子分国而有之。不然，将加诛于子。"范蠡曰："君行令，臣行意。"乃装其轻宝珠玉，自与其私徒属乘舟浮海以行，终不反。于是勾践表会稽山以为范蠡奉邑。

【译文】

　　范蠡为越王勾践效力，可谓鞠躬尽瘁，与勾践周密地谋划了二十多年，终于打败了吴国，雪洗了会稽的耻辱。越国的军队又北渡淮水，逼近齐、晋等国，进而号令中原各国，以此尊崇周朝的王室，勾践成了霸主，范蠡号称上将军。得胜回国后，范蠡认为威名之下，自己很难长久在越立足。况且勾践的为人，只可以共患难，却无法共享安乐生活，就写了一封辞退信给勾践说："我听说过：主上有忧，臣下就该为您排忧解难；主上受辱，臣下就该死。从前您在会稽山受辱，之所以苟且偷生，就为了帮您雪耻。现在耻辱已经雪洗，我应该追究自己使君王受会稽之辱的罪过！"勾践说："我将和你分享这个国家的政权，否则，就要惩罚您。"范蠡说："君王所依从的是律令，我所依从的是志趣。"就装着轻便珍贵的珠玉，私自与亲信的随从们乘船出海了，一直不曾回来。于是勾践就标记会稽山，作为供奉范蠡的城邑。

【原文】

　　范蠡浮海出齐，变姓名，自谓鸱夷子皮，耕于海畔，苦身戮力，父子治产。居无几何，致产数千万。齐人闻其贤，以为相。范蠡喟然叹曰："居家则致千金，居官则至卿相，此布衣之极也。久受尊名，不祥。"乃归相印，尽散其财，以分与知友乡党，而怀其重宝，间行以去，止于陶，以为此天下之中，交易有无之路通，为生可以致富矣。于是自谓陶朱公。复约要父子耕畜，废居，候时转物，逐什一之利。居无何，则致赀累巨万。天下称陶朱公。

【译文】

范蠡乘船辗转到了齐国，隐藏自己的真实姓名，改称自己为鸱夷子皮。在海边以耕种为生，辛勤劳作，父子合力整治家产。没住多久就积累了数十万财产。齐国人听说他有才能，请他做相国。范蠡就喟然感叹说："住在家里就能积聚千金，出去做官就能位至相国，这是一个普通人梦寐以求的至高理想。可是长久地接受尊贵的名号，是不吉利的。"于是送还相印，把家产散发给自己的亲朋友好友和邻里乡亲，只藏着重要的珍宝，悄悄离开那里，到陶住下来。范蠡认为陶是天下的中心，那交通便利，贸易繁荣，在这里谋生治产，可以致富，于是自称为陶朱公。重新节制自己的要求需欲，父与子亲自耕种畜牧，囤积储存，等待时机，转卖货物，谋求十分之一的利润。这样住了没多久，又累积了上亿的财产，天下人没有不称道陶朱公的。

【原文】

朱公居陶，生少子。少子及壮，而朱公中男杀人，囚于楚。朱公曰："杀人而死，职也。然吾闻千金之子不死于市。"告其少子往视之。乃装黄金千镒，置褐器中，载以一牛车。且遣其少子，朱公长男固请欲行，朱公不听。长男曰："家有长子曰家督，今弟有罪，大人不遣，乃遣少弟，是吾不肖。"欲自杀。其母为言曰："今遣少子，未必能生中子也，而先空亡长男，奈何？"朱公不得已而遣长子，为一封书遗故所善庄生，曰："至则进千金于庄生所，听其所为，慎无与争事。"长男既行，亦自私赍数百金。

【译文】

朱公住在陶的时候，得了个小儿子。小儿子长大以后，朱公的次子因为杀死了人，被囚在楚国。朱公就说："杀人偿命，这是天经地义的事。然而我听说：千金之家的孩子，不应该被当众处死。"于是让小儿子去探望次子，当时装了二万四千两黄金，藏置在褐色的器具里，用一辆牛车载运。小儿子即将启程的时候，朱公的大儿子偏要代弟弟跑这趟差，朱公不答应，大儿子就说："在家里，大儿子有督导家事的义务，所以叫作'家督'，现在弟弟有了死罪，父亲不派我去，却把这事交给小弟弟办，那就是我不贤了！"就想自杀，他母亲就说："现在派小儿子去也未必能保全老二的性命，先逼死了老大，那可怎么办啊？"朱公不得已，只好派老大去，替他写了一封信给从前的好朋友庄先生。并嘱咐大儿子说："你一到那里就把千金送到庄先生的住所，听凭庄先生办理，他要怎样做就怎样做，要谨慎切勿和他争执办事的方法！"大儿子就启程去楚国，私自带了几百镒黄金。

扬簋　西周晚期。通高18.7厘米，宽21.6厘米，重4千克。

【原文】

　　　　至楚，庄生家负郭，披藜藿到门，居甚贫。然长男发书进千金，如其父言。庄生曰："可疾去矣，慎毋留！即弟出，勿问所以然。"长男既去，不过庄生而私留，以其私赍献遗楚国贵人用事者。

　　　　庄生虽居穷阎，然以廉直闻于国，自楚王以下皆师尊之。及朱公进金，非有意受也，欲以成事后复归之以为信耳。故金至，谓其妇曰："此朱公之金。有如病不宿诚，后复归，勿动。"而朱公长男不知其意，以为殊无短长也。

【译文】

　　到了楚国，见到庄先生的房子靠近城墙，拔开藜藿杂草才能走到前门，庄先生的居住条件相当差。然而大儿子还是把家父的信呈给庄先生，送进二万四千两黄金，完全照父亲所说的办理。庄先生便说："你可以赶快离开了！千万不要逗留，即使弟弟被放出来也不要问其中的原因！"大儿子告别庄先生以后，不再去拜访庄先生，但他自己偷偷留在楚国，用他私自携带的财物献给那些当权的贵族。

　　庄先生虽然住在贫民区，然而廉洁正直闻名全国，从楚王以下的人都像尊敬老师一样尊崇他。至于朱公送来财物，他并不想接受朱公的厚赠，想要等事成以后把黄金还给朱公，表明信誉。所以当财物送来的时候，就对他的妻子说：

"这是朱公的钱财，如果我病死了，来不及事先交待你，记着以后归还他，不要去动用！"但是朱公的大儿子不明白庄先生的心意，还认为送他黄金不见得会起什么作用。

【原文】

　　庄生间时入见楚王，言"某星宿某，此则害于楚"。楚王素信庄生，曰："今为奈何？"庄生曰："独以德为可以除之。"楚王曰："生休矣，寡人将行之。"王乃使使者封三钱之府。楚贵人惊告朱公长男曰："王且赦。"曰："何以也？"曰："每王且赦，常封三钱之府。昨暮王使使封之。"朱公长男以为赦，弟固当出也，重千金虚弃庄生，无所为也，乃复见庄生。庄生惊曰："若不去邪？"长男曰："固未也。初为事弟，弟今议自赦，故辞生去。"庄生知其意欲复得其金，曰："若自入室取金。"长男即自入室取金持去，独自欢幸。

【译文】

　　庄先生找到一个适当的时机去见楚王，说："某星宿移动到某个位置，这对楚国是有害的。"楚王向来相信庄先生，便说："那现在该怎么办？"庄先生说："唯有做善事才能免灾。"楚王说："先生可以回去休息了，我将会照办。"楚王就派使者去密封藏钱的金库。

芮太子白簠　西周晚期。通高8.9厘米，宽33.9厘米，重5.36千克。

楚国拿到朱公长子好处的贵族听到消息惊喜地告诉朱公的大儿子说："楚王将实施大赦了！"大儿子问："怎么知道的呢？"贵族说："每次王要实施大赦，为了防备有人乘机于大赦前抢劫，一般都要封闭金库，昨晚王派使者去封府库了！"朱公的大儿子以为楚国将大赦了，他的弟弟自然应当放出。他心疼二万四千两黄金，不忍心将黄金白白送给庄先生。于是又去见庄先生。庄先生大吃一惊说："你还没有离开呀？"大儿子说："当然还没有离开！当初是为了弟弟的事情才来拜访您，现在大家都说弟弟会被赦免，所以来向先生辞行！"庄先生知道他是想取回所送的财物，就说："你可以自己去内室拿。"大儿子就自己进入内室取回财物，还暗自庆幸。

【原文】

　　　　庄生羞为儿子所卖，乃入见楚王曰："臣前言某星事，王言欲以修德报之。今臣出，道路皆言陶之富人朱公之子杀人囚楚，其家多持金钱赂王左右，故王非能恤楚国而赦，乃以朱公子故也。"楚王大怒曰："寡人虽不德耳，奈何以朱公之子故而施惠乎！"令论杀朱公子。明日，遂下赦令。朱公长男竟持其弟丧归。

【译文】

　　庄先生觉得被朱公的长子戏弄、利用，又羞又恼，于是又入见楚王说："我以前说某星宿的事，您说要大赦化解灾难。今天我外出时，听到路人都说陶有一位叫朱公的富人，他的儿子杀了人被囚在楚国，他不惜重金贿赂了王的亲信，所以王并不是为了体恤楚国人民而行赦令，而是为了替朱公之子脱罪！"楚王大怒说："我虽没有什么德行，怎么会因朱公儿子的缘故而特别施恩大赦呢？"就命令先杀掉朱公的儿子，第二天才下赦免的命令。朱公的大儿子最终只带着弟弟的尸体回来。

【原文】

　　　　至，其母及邑人尽哀之，惟朱公独笑，曰："吾固知必杀其弟也！彼非不爱其弟，顾有所不能忍者也。是少与我俱，见苦，为生难，故重弃财。至如少弟者，生而见我富，乘坚驱良逐狡兔，岂知财所从来，故轻弃之，非所惜吝。前日吾所当欲遣少子，固为其能弃财故也。而长者不能，故卒以杀其弟，事之理也，无足悲者。吾日夜固以望其丧之来也。"

【译文】

　　到家以后，他母亲和陶邑的人都很伤心，只有朱公觉得好笑，说："我本来知道楚国定会使他弟弟受死！他不是不爱他弟弟，只是心疼那些钱呀！这是因为他年少的时候，和我一起，知道谋生的困难，亲历艰苦，所以不轻易花钱。至于小儿子，他生来就看见我很富有，坐着好车，骑着良马，去追逐狡兔，哪里懂得钱财是怎样积聚成的，所以他势必出手大方，不会吝惜的。原来之所以想派小儿子去，就是为了他能舍弃财物呀！而大儿子是做不到的，所以最后却杀死了他的弟弟，这是意料之中的事，没什么好悲伤的！我本来就日日夜夜在盼望丧车的到来！"

【原文】

故范蠡三徙，成名于天下，非苟去而已，所止必成名。卒老死于陶，故世传曰陶朱公。

【译文】

所以范蠡虽然三次搬迁，更名却依然能驰名天下，他去哪里并不是盲目的，到那就一定会功成名就。最后老死在陶，所以世人相传叫他陶朱公。

【原文】

太史公曰：禹之功大矣，渐九川，定九州，至于今诸夏艾安。及苗裔勾践，苦身焦思，终灭强吴，北观兵中国，以尊周室，号称霸王。勾践可不谓贤哉！盖有禹之遗烈焉。范蠡三迁皆有荣名，名垂后世。臣主若此，欲毋显，得乎！

【译文】

太史公说："禹对人的贡献很大呀，他疏通了九条大河，平定九州，直到今天，中原各国仍然太平无事。到了他的远世子孙勾践，卧薪尝胆，终于消灭了强大的吴国，他兴兵北上向中原各国显示军威，又能尊崇周王室，成为霸主，能说勾践不贤能吗？大概是因为他有夏禹的遗风吧。范蠡迁徙了三次，能流芳百世，臣和君能这样，想不让他们显扬出来，可能吗？"

卫始豆　西周晚期。通高17.4厘米，宽18.5厘米，重2.3千克。

韩　世　家

【原文】

韩之先与周同姓，姓姬氏。其后苗裔事晋，得封于韩原，曰韩武子。武子后三世有韩厥，从封姓为韩氏。

【译文】

韩的祖先和周同姓，姓姬氏。他的后裔后来侍奉晋君，被封于韩原，称做韩武子。韩武子以后的第三代有个韩厥。他用封邑作姓，就改姓韩了。

【原文】

韩厥，晋景公之三年，晋司寇屠岸贾将作乱，诛灵公之贼赵盾。赵盾已死矣。欲诛其子赵朔。韩厥止贾，贾不听。厥告赵朔，令亡。朔曰："子必能不绝赵祀，死不恨矣。"韩厥许之。及贾诛赵氏，厥称疾不出。程婴、公孙杵臼之藏赵孤赵武也，厥知之。

【译文】

韩厥在晋景公三年时，晋国的司寇屠岸贾，准备发动叛乱，去诛杀晋灵公的叛臣赵盾，那时赵盾早已死去，屠岸贾要诛杀赵盾的儿子赵朔，韩厥阻止屠岸贾，贾不肯听，韩厥暗中告诉赵朔，叫他赶快逃走。赵朔说："您一定能够不让我们赵家的香火断绝，我死而无憾。"韩厥答应了他。等到屠岸贾要杀赵氏一家时，韩厥称病不出，而程婴、公孙杵臼私下藏匿赵氏孤儿赵武，韩厥是知道的。

芮公壶　西周晚期。通高37.6厘米，宽22厘米，重9.45千克。

【原文】

景公十一年，厥与郤克将兵八百乘伐齐，败齐顷公于鞍，获逢丑父。于是晋作六卿，而韩厥在一卿之位，号为献子。

【译文】

晋景公十一年，韩厥与郤克统帅晋兵八百辆兵车侵伐齐国，在鞍地打败齐顷公，俘虏了逢丑父。在这以后，晋国设立了六卿的职位，而韩厥位居六卿之一，号称"献子"。

【原文】

晋景公十七年，病，卜大业之不遂者为祟。韩厥称赵成季之功，今后无祀，以感景公。景公问曰："尚

有世乎？"厥于是言赵武，而复与故赵氏田邑，续赵
氏祀。

【译文】

晋景公十七年，景公因病而卜，说是要做大事业而没有成功的鬼魂在作祟，韩厥称颂赵成季对晋国的功劳，说现在没有后代为他祭祀，用这话来感悟晋景公。景公问说："他还有后代吗？"韩厥于是便说出了赵武，因而晋景公就又再把赵家原有的田邑归还赵武，延续赵氏的祭祀。

【原文】

晋悼公之〔七〕年，韩献子老。献子卒，子宣子
代。宣子徙居州。

【译文】

晋悼公七年时，韩献子告老，这年他死了，他的爵位由他儿子韩宣子袭代。宣子就迁至州邑。

【原文】

晋平公十四年，吴季札使晋，曰："晋国之政卒归
于韩、魏、赵矣。"

【译文】

晋平公十四年，吴公子季札出使晋国，他说："晋国的政权，终于要归韩、魏、赵三家了。"

【原文】

晋顷公十二年，韩宣子与赵、魏共分祁氏、羊舌氏
十县。晋定公十五年，宣子与赵简子侵伐范、中行氏。
宣子卒，子贞子代立。贞子徙居平阳。

【译文】

晋顷公十二年，韩宣子跟赵、魏，共同瓜分了大祁氏与羊舌氏的十个县邑。晋定公十五年，韩宣子与赵简子进攻范氏、中行氏。这年，韩宣子去世，宣子的儿子贞子袭代父亲爵位。贞子迁居于山西的平阳。

【原文】

贞子卒，子简子代。简子卒，子庄子代。庄子卒，
子康子代。康子与赵襄子、魏桓子共败知伯，分其地，
地益大，大于诸侯。

【译文】

贞子去世，他的儿子韩简子袭代父亲爵位。简子去世后，他的儿子庄子袭代父亲爵位。韩庄子去世后，他的儿子康子袭代父亲爵位。韩康子与赵襄子、魏桓子共同打败了知伯，而瓜分知伯的邑地；于是韩康子土地更大，超过了一般诸侯的封地。

【原文】

康子卒，子武子代。武子二年，伐郑，杀其君幽公。
十六年，武子卒，子景侯立。

【译文】

韩康子去世后，他的儿子韩武子袭代父亲爵位。武子二年，侵伐郑国，杀掉了郑君幽公。十六年，武子去世，他的儿子景侯即位。

【原文】

景侯虔元年，伐郑，取雍丘。二年，郑败我负黍。

【译文】

景侯虔元年，进攻郑国，攻占了雍丘。二年，郑国在负黍打败韩国。

【原文】

六年，与赵、魏俱得列为诸侯。

【译文】

六年，韩与赵、魏一起被周天子承认为诸侯。

【原文】

九年，郑围我阳翟。景侯卒，子列侯取立。

【译文】

　　九年，郑国围攻韩国阳翟。这年，景侯去世，他的儿子列侯取即位。

【原文】

　　列侯三年，聂政杀韩相侠累。九年，秦伐我宜阳，取六邑。十三年，列侯卒，子文侯立。是岁魏文侯卒。

兽面纹壶　西周晚期。通高48.2厘米，宽33厘米，重14.64千克。

【译文】

　　韩列侯三年，聂政杀死韩相侠累。九年，秦国侵伐韩国宜阳，占领了六个城邑。十三年，列侯去世，他的儿子文侯即位。那年，魏文侯去世。

【原文】

　　文侯二年，伐郑，取阳城。伐宋，到彭城，执宋君。七年，伐齐，至桑丘。郑反晋。九年，伐齐，至灵丘。十年，文侯卒，子哀侯立。

【译文】

　　韩文侯二年，韩国进攻郑国，占领了阳城。又攻伐宋国，到达彭城，俘虏了宋国的国君。七年，又攻伐齐国，到达桑丘。这年，郑国背叛了晋国。九年，韩军又攻伐齐国，打到灵丘。十年，文侯去世，他的儿子哀侯即位。

【原文】

　　哀侯元年，与赵、魏分晋国。二年，灭郑，因徙都郑。

【译文】

　　韩哀侯二年，韩国与赵、魏正式瓜分了晋国。二年，韩国灭了郑国，便迁都于郑。

【原文】

　　六年，韩严弑其君哀侯，而子懿侯立。

【译文】

　　六年，韩严杀了他的国君哀侯，而哀侯的儿子懿侯即位。

【原文】

　　懿侯二年，魏败我马陵。五年，与魏惠王会宅阳。九年，魏败我浍。十二年，懿侯卒，子昭侯立。

兽錾盉　西周晚期。通高24.3厘米，宽33.8厘米，重2.92千克。

【译文】

　　懿侯二年，魏军在马陵打败韩军。五年，懿侯与魏惠王相会于宅阳。九年，魏军在浍水旁打败韩军。十二年，懿侯去世，他的儿子昭侯即位。

【原文】

　　昭侯元年，秦败我西山。二年，宋取我黄池。魏取朱。六年，伐东周，取陵观、刑丘。八年，申不害相韩，修术行道，国内以治，诸侯不来侵伐。十年，韩姬弑其君悼公。十一年，昭侯如秦。二十二年，申不害死。二十四年，秦来拔我宜阳。

【译文】

　　韩昭侯元年，秦军在西山打败韩军。二年，宋国攻占了韩国黄池。魏国夺取韩国的朱邑。六年，韩军攻伐东周，又占领了陵观、刑丘。八年，申不害做了韩的相国，他研究君主控制和使用群臣的策略、手段，推行自己的政治主张，国内安定祥和，诸侯不敢前来侵犯。十年，韩姬杀他的国君悼公。十一年，韩昭侯到秦国去访问。二十二年，申不害去世。二十四年，秦军攻占了韩国的宜阳。

【原文】

　　二十五年，旱，作高门。屈宜臼曰："昭侯不出此门。何也？不时。吾所谓时者，非时日也，人固有利不利时。昭侯尝利矣，不作高门。往年秦拔宜阳，今年旱，昭侯不以此时恤民之急，而顾益奢，此谓'时绌举

赢'。"二十六年，高门成，昭侯卒，果不出此门。子宣
惠王立。

【译文】

二十五年，发生旱灾。筑了一座高门。屈宜臼说："韩昭侯出不了这座高门。为什么呢？因为不合时宜。我所说的时，并不是'时日'的时，人的时运本来就有利与不利的分别。韩昭侯曾经有过好时运，那时他不建造高门。去年，秦国攻占了韩国的宜阳；今年，国内大旱，韩昭侯不在这个时候体恤百姓的困难，反而更加奢侈，这就叫作'时绌举赢'。"二十六年，高门筑成，而韩昭侯去世，果然没有从这座高门出去。这年他的儿子宣惠王即位。

【原文】

宣惠王五年，张仪相秦。八年，魏败我将韩举。十
一年，君号为王。与赵会区鼠。十四年，秦伐败我鄢。

【译文】

韩宣惠王五年，张仪做了秦国的相国。八年，魏国打败韩国的将军韩举。十一年，韩君称号为王，与赵君相会于区鼠。十四年，秦军在鄢陵打败韩军。

【原文】

十六年，秦败我修鱼，虏得韩将鲰、申差于浊泽。
韩氏急，公仲谓韩王曰："与国非可恃也。今秦之欲伐
楚久矣，王不如因张仪为和于秦，赂以一名都，具甲，
与之南伐楚，此以一易二之计也。"韩王曰："善。"乃
警公仲之行，将西购于秦。楚王闻之大恐，召陈轸告之。
陈轸曰："秦之欲伐楚久矣，今又得韩之名都一而具甲，
秦韩并兵而伐楚，此秦所祷祀而求也。今已得之矣，楚
国必伐矣。王听臣为之警四境之内，起师言救韩，命战
车满道路，发信臣，多其车，重其币，使信王之救己也。
纵韩不能听我，韩必德王也，必不为雁行以来，是秦韩
不和也，兵虽至，楚不大病也。为能听我绝和于秦，秦
必大怒，以厚怨韩。韩之南交楚，必轻秦；轻秦；其应
秦必不敬；是因秦、韩之兵而免楚国之患也。"楚王曰：

"善。"乃警四境之内，兴师言救韩。命战车满道路，发信臣，多其车，重其币。谓韩王曰："不穀国虽小，已悉发之矣。愿大国遂肆志于秦，不穀将以楚徇韩。"韩王闻之大说，乃止公仲之行。公仲曰："不可。夫以实伐我者秦也，以虚名救我者楚也。王恃楚之虚名，而轻绝强秦之敌，王必为天下大笑。且楚韩非兄弟之国也，又非素约而谋伐秦也。已有伐形，因发兵言救韩，此必陈轸之谋也。且王已使人报于秦矣，今不行，是欺秦也。夫轻欺强秦而信楚之谋臣，恐王必悔之。"韩王不听，遂绝于秦。秦因大怒，益甲伐韩。大战，楚救不至韩。十九年，大破我岸门。太子仓质于秦以和。

【译文】

　　十六年，秦兵在修鱼打败了韩军，在浊泽俘虏到韩国的将领鲦与申差，韩王焦急。公仲侈告诉韩王说："盟国不可依仗。现在，秦国想要攻打楚国很久了，大王不如通过张仪，而跟秦国讲和，贿赂秦国一处名都，作好战斗准备，而跟强秦联合，一起向南攻打楚国。这是丢一得二的计策。"韩宣王听了说："很好。"于是让公仲侈秘密地准备上路，打算跟秦国订立和约。楚怀王听到这个消息，大为恐慌，于是召来陈轸，告诉他这个消息。陈轸说："秦国想要攻打楚国，已经好久了。现在又得到韩国的一座名都，而且作好了充分准备。秦与韩联军攻伐楚国，这是秦国所祈求的事情，现在终于做到了，楚国一定会遭攻击了。大王请听我的建议，警戒好国境四周，扬言发兵救援韩国。命令战车布满道路，派出使臣，多备车辆，多带礼物，使韩君相信大王会去救他。即使韩国不肯完全听从我国，也一定会感激大王，必定不会与秦国齐心合力来作战，这样，秦、韩就产生不和；他们的联军虽然来到，对楚国也不会构成大患。如果韩国听从我们，跟秦国断绝关系，秦国必定大怒，而增加对韩国的怨恨；这样，韩国南边结交楚国，必定轻视秦国；轻视秦国，它对待秦国一定不会尊重，这就是利用秦、韩两军的矛盾来免除楚国的祸害。"楚王说："很好！"于是在四面边境加强警戒，发兵声称去救韩，并让战车布满道路，派出使臣，备办了许多车辆，带着丰厚的礼物去韩国，楚国使臣告诉韩王说："我们楚国虽小，已经出动了全部军队，希望贵国能在进攻秦国的战争中称心如意，我们楚王让楚军为韩国作出牺牲。"韩王听了这话，心中十分高兴，就停止公仲侈之行向秦议和。公仲侈说："不行，真正有实力能进攻我们的是秦国；用虚名救助我们的是楚国，大王依靠楚国的虚名，而轻易与强大的秦国绝交，大王必定会被天下人大笑的。况且，楚、韩并不是兄弟之国，又没有预先相约去攻伐秦国。到已经有了秦、韩联合进攻楚国的迹象，楚国就声称要发兵救韩，

襄盘　西周晚期。通高12.9厘米，宽45.5厘米，重7.96千克。

这必定是陈轸的诡计。而且，大王已派人告知秦国了，现在又不去，那是欺骗秦国。随意欺骗强大的秦国，而轻信楚国谋臣的话，恐怕大王将来必定会后悔的。"韩王不听，于是跟秦国绝交，秦国因此大怒便增兵攻伐韩国，而楚国的救兵迟迟未到。十九年，秦兵在岸门大破韩军，韩太子仓到秦国作为人质，秦人跟韩国讲和。

【原文】

　　　　二十一年，与秦共攻楚，败楚将屈丐，斩首八万于丹阳。是岁，宣惠王卒，太子仓立，是为襄王。

【译文】

　　二十一年，韩国跟秦国一起攻打楚国，打败了楚国统帅屈丐，在丹阳斩了楚军八万首级。那年，韩宣惠王去世，太子仓即位，这就是襄王。

【原文】

　　　　襄王四年，与秦武王会临晋。其秋，秦使甘茂攻我宜阳。五年，秦拔我宜阳，斩首六万。秦武王卒。六年，秦复与我武遂。九年，秦复取我武遂。十年，太子婴朝秦而归。十一年，秦伐我，取穰。与秦伐楚，败楚将唐眛。

【译文】

　　韩襄王四年，韩襄王与秦武王相会于临晋。同年秋天，秦国派甘茂攻打韩国宜阳。五年，秦兵攻破韩国宜阳，杀死韩军六万人。这年，秦武王去世。六年，秦国又归还韩国武遂邑。九年，秦兵又攻占韩国的武遂。十年，韩太子婴朝见秦王返回。十一年，秦国进攻韩国，占领了韩国穰邑。这年，韩军与秦军共同讨伐楚国，打败了楚国统帅唐眛。

十二年，太子婴死。公子咎、公子虮虱争为太子。时虮虱质于楚。苏代谓韩咎曰："虮虱亡在楚，楚王欲内之甚。今楚兵十余万在方城之外，公何不令楚王筑万室之都雍氏之旁，韩必起兵以救之，公必将矣。公因以韩、楚之兵奉虮虱而内之，其听公必矣，必以楚、韩封公也。"韩咎从其计。

十二年，韩太子婴去世，公子咎与公子虮虱争作太子。当时，虮虱在楚国当人质，苏代对韩咎说："虮虱流亡在楚国，楚王非常想送他回国。现在楚兵十多万人，驻在方城山以北。您为什么不让楚王在雍氏旁边修筑万户人口的城邑，这样，韩国必定会出兵援救雍氏；那么，你必然会被派作统帅，您就可以利用韩国与楚国军队支持虮虱，把他接回来，他一定听您的话，定会把韩、楚边界地区赐封给您。"韩咎听从了他的计策。

叔上匜　西周晚期。通高16.8厘米，宽28.6厘米，重1.86千克。

楚围雍氏，韩求救于秦。秦未为发，使公孙昧入韩。公仲曰："子以秦为且救韩乎？"对曰："秦王之言曰'请道南郑、蓝田，出兵于楚以待公'，殆不合矣。"公仲曰："子以为果乎？"对曰："秦王必祖张仪之故智。楚威王攻梁也，张仪谓秦王曰：'与楚攻魏，魏折而入于楚，韩固其与国也，是秦孤也。不如出兵以到之，魏楚大战，秦取西河之外以归。'今其状阳言与韩，其实阴善楚。公待秦而到，必轻与楚战。楚阴得秦之不用也，必易与公相支也。公战而胜楚，遂与公乘楚，施三川而归。公战不胜楚，楚塞三川守之，公不能救也。窃为公患之。司马庚三反于郢，甘茂与昭鱼遇于商於，其言收玺，实类有约也。"公仲恐，曰："然则奈何？"曰："公必先韩而后秦，先身而后张仪。公不如亟以国合于齐、楚，齐、

楚必委国于公。公之所恶者张仪也，其实犹不无秦
也。"于是楚解雍氏围。

【译文】

　　楚兵围雍氏城时，韩国求救于秦国。秦兵没有为韩国发兵，派使臣公孙昧
到韩国来，公仲侈说："您认为秦兵真的会来救韩吗？"公孙昧回答说："秦王
这样说：'让我取道南郑、蓝田，出兵到楚国去等您。'依此看来，恐怕秦军不
会和韩军会合啊。"公仲侈说："您认为真会这样吗？"公孙昧回答说："秦王必
定效法张仪从前那种老计策。以前楚威王攻打魏国的时候，张仪奏告秦王说：
'我们秦国联合楚国攻打魏国，魏国失败后投入楚国怀抱，而韩国本来又是魏
国的盟国，这样一来，秦国就孤立了；秦国不如出兵迷惑他们，让魏国与楚国
大战，秦国趁机夺取河西一带的土地，然后撤兵回来。'现在的情况是秦国伪
言支持韩国，其实是暗中跟楚国交好。您指望秦军到来，一定会轻易地跟楚国
交战。但楚国却暗中知道秦兵不会真的为您韩国出力，必定很容易就跟您对
峙。您如果打胜楚国，秦国会和您乘着打败楚国的雄风，扬威于三川地区，然
后回国。如果您打不赢楚国，楚国就会扼守三川地区，而您无法去援救。我私
下为您担忧。司马庚三次来回于郢都，秦相甘茂跟楚相国昭鱼相会于商於，他
们说要收回军符，停止楚国进攻韩国的行动，实际上是订立盟约。"公仲侈听
了惊慌地说："那怎么办呢？"公孙昧回答说："您一定要先考虑依靠韩国自己
的力量，然后再期望秦国的救援，先想定自己的对策，而后再对付张仪的权术。
您不如赶快让韩国跟齐国与楚联盟，那样，齐楚两国必会把国事委托给您；而
您所讨厌的，不过是张仪那种欺诈手段，虽和齐、楚联合，还是不能无视秦国。"
于是，楚国撤兵，解除了对雍氏城的包围。

【原文】

　　苏代又谓秦太后弟芈戎曰："公叔伯婴恐秦、楚之
内虮虱也，公何不为韩求质子于楚？楚王听，入质子于
韩，则公叔伯婴知秦、楚之不以虮虱为事，必以韩合于
秦、楚。秦、楚挟韩以窘魏，魏氏不敢合于齐，是齐孤
也。公又为秦求质子于楚，楚不听，怨结于韩。韩挟齐、
魏以围楚，楚必重公。公挟秦、楚之重以积德于韩，公
叔伯婴必以国待公。"于是虮虱竟不得归韩。韩立咎为
太子。齐、魏王来。

【译文】

苏代又对秦宣太后的弟弟新城君芈戎说:"公叔、伯婴,恐怕秦楚支持虮虱回国,您为什么不替韩国请求楚国放回在楚做人质的虮虱,楚王如果肯听,放回做人质的虮虱到韩国来,那么公叔、伯婴就知道秦楚并不把虮虱当作一回事,必定让韩国跟秦楚联合。秦楚挟制韩国去逼迫魏国,魏国也不敢与齐国结盟,那样,齐国就孤立了。您又替秦国向楚国索取韩国人质虮虱,楚国如不听从,就必然和韩国结怨。这样一来,韩国依凭齐国、魏国的力量去围攻楚国,那么楚国必定重视您。您依凭着秦楚权威对韩国做点好事,公叔、伯婴必定会让韩国亲近你。"由于这个缘故,虮虱竟然不能回到韩国。而韩国立公子咎为太子。齐王和魏王到韩国来。

【原文】

十四年,与齐、魏王共击秦,至函谷而军焉。十六年,秦与我河外及武遂。襄王卒,太子咎立,是为釐王。

【译文】

十四年,韩王跟齐王、魏王联军共同攻打秦国,到函谷关驻扎下来。十六年,秦国把黄河外及武遂的地方归还韩国。这年,韩襄王去世,太子咎即位,这就是釐王。

【原文】

釐王三年,使公孙喜率周、魏攻秦。秦败我二十四万,虏喜伊阙。五年,秦拔我宛。六年,与秦武遂地二百里。十年,秦败我师于夏山。十二年,与秦昭王会西周而佐秦攻齐。齐败,湣王出亡。十四年,与秦会两周间。二十一年,使暴鸢救魏,为秦所败,鸢走开封。

【译文】

韩釐王三年,韩国派公孙喜统帅周及魏兵攻打秦国。秦国大败韩军二十四万人,在伊阙俘虏了韩军统帅公孙喜。五年,秦军攻占韩地宛邑,六年,韩国割让武遂地方二百里给秦国。十年,秦军又在夏山打败韩军。十二年,韩王与秦昭王相会于西周,帮助秦攻打齐国。齐国战败,齐

虢叔旅钟　西周晚期。通高65.4厘米,铣距36厘米,鼓距26.6厘米,重34.6千克。

湣王离开齐国都城而逃亡。十四年，韩王又与秦王相会于东周、西周之间。二十一年，韩国派将军暴鸢统兵救援魏国，被秦军打败，暴鸢逃到开封。

【原文】

二十三年，赵、魏攻我华阳。韩告急于秦，秦不救。韩相国谓陈筮曰："事急，愿公虽病，为一宿之行。"陈筮见穰侯。穰侯曰："事急乎？故使公来。"陈筮曰："未急也。"穰侯怒曰："是可以为公之主使乎？夫冠盖相望，告敝邑甚急，公来言未急，何也？"陈筮曰："彼韩急则将变而佗从，以未急，故复来耳。"穰侯曰："公无见王，请今发兵救韩。"八日而至，败赵、魏于华阳之下。是岁，釐王卒，子桓惠王立。

【译文】

韩釐王二十三年，赵国与魏国联军攻打韩国的华阳，韩国向秦国告急，秦国不出兵相救。韩相国告诉陈筮说："现在军事紧急，您虽然抱病，还是希望您连夜到秦国去一趟。"于是陈筮到秦国见了穰侯魏冉。穰侯说："是不是军事紧急呢？所以才派你来。"陈筮回答说："不急啊！"穰侯听了大怒说："您这样可以作为您的国君的使者吗？韩国使者络绎不绝，向敝国报告情况很紧急，您来说并不紧急，这是为什么呢？"陈筮说："韩国要是危急，就会改变立场，依附他国。正因为并不危急，所以再派我来呢！"穰侯一听立即说："您不必再见秦王了，我立刻请求出兵救韩。"果然八天后秦国援兵赶到华阳山，打败了赵国与魏国的联军。这年，韩釐王去世，他的儿子桓惠王即位。

【原文】

桓惠王元年，伐燕。九年，秦拔我陉，城汾旁。十年，秦击我于太行，我上党郡守以上党郡降赵。十四年，秦拔赵上党，杀马服子卒四十余万于长平。十七年，秦拔我阳城、负黍。二十二年，秦昭王卒。二十四年，秦拔我城皋、荥阳。二十六年，秦悉拔我上党。二十九年，秦拔我十三城。三十四年，桓惠王卒，子王安立。

【译文】

　　韩桓惠王元年，韩国进攻燕国。九年，秦兵占领了韩国陉城，在汾水河畔建城驻守。十年，秦兵在太行山攻打韩国军队，韩国上党郡的郡守，献出上党郡而投降了赵国。十四年，秦攻占了赵新得的上党郡，在长平杀死了马服子赵括兵四十多万人。十七年，秦国攻占韩国的阳城、负黍。二十二年，秦昭王去世。二十四年，秦国攻占韩国的城皋、荥阳。二十六年，秦国全部占领韩国的上党郡。二十九年，秦兵又攻占韩国十三座城邑。三十四年，韩桓惠王去世，他的儿子王安即位。

【原文】

　　　　王安五年，秦攻韩，韩急，使韩非使秦，秦留非，
　　因杀之。

【译文】

　　韩王安五年，秦兵又攻打韩国，韩国岌岌可危，派韩非出使秦国，秦国扣留韩非，趁机杀了他。

【原文】

　　　　九年，秦虏王安，尽入其地，为颍川郡。韩遂亡。

【译文】

　　九年，秦兵俘虏了韩王安，韩国土地全部被秦国占领，被设为秦国的颍川郡，韩国就这样灭亡了。

【原文】

　　　　太史公曰：韩厥之感晋景公，绍赵孤之子武，以成
　　程婴、公孙杵臼之义，此天下之阴德也。韩氏之功，于
　　晋未睹其大者也。然与赵、魏终为诸侯十余世，宜乎哉！

【译文】

　　太史公说：韩厥感动晋景公，让赵氏的孤儿赵武，得以继承赵的封邑，从而成全了程婴、公孙杵臼的义举，这是世上的大阴德呀！韩氏的功劳，对晋国看不出有多大的贡献，然而韩也得以跟赵、魏一样，做了十几代诸侯，不也是很应该的吗？

孔 子 世 家

【原文】

孔子生鲁昌平乡陬邑。其先宋人也，曰孔防叔。防叔生伯夏，伯夏生叔梁纥。纥与颜氏女野合而生孔子，祷于尼丘得孔子。鲁襄公二十二年而孔子生。生而首上圩顶，故因名曰丘云。字仲尼，姓孔氏。

【译文】

孔子出生在鲁国昌平乡的陬邑。他的祖先是宋人，叫孔防叔。防叔生了伯夏，伯夏生了叔梁纥。叔梁纥晚年跟姓颜的女子野合，才生了孔子，而且是他们到尼丘山祷告神灵后而得生孔子的。孔子生于鲁襄公二十二年。孔子刚下生时，头顶中间是凹下的，所以就给他取名叫丘，字仲尼，姓孔。

【原文】

丘生而叔梁纥死，葬于防山。防山在鲁东，由是孔子疑其父墓处，母讳之也。孔子为儿嬉戏，常陈俎豆，设礼容。孔子母死，乃殡五父之衢，盖其慎也。陬人挽父之母诲孔子父墓，然后往合葬于防焉。

【译文】

孔子出生不久，他父亲叔梁纥就死了，葬在防山。防山在鲁国的东部，因此孔子不知道他父亲墓地的确切位置，是他母亲对他瞒了此事。孔子小时候做游戏，常摆起俎豆等各种祭品，模仿大人祭祀时的礼仪动作祭祀父亲。孔子母亲去世后，孔子可能是想谨慎地处理好后事，暂时把母亲的灵柩放在曲阜五父衢的路旁，后来同邑人挽父的母亲，告诉孔子他父亲的墓地在哪，孔子才把母亲和父亲合葬在防山。

孔子　名丘，字仲尼，春秋后期鲁国人。思想家、教育家，儒学学派的创始人，是当时社会上最博学者之一，被誉为"千古圣人"，并且被后世尊为至圣、万世师表。

【原文】

孔子要绖，季氏飨士，孔子与往。阳虎绌曰："季
氏飨士，非敢飨子也。"孔子由是退。

【译文】

孔子还在守丧，季氏设宴招待名士，孔子去赴宴。阳虎拒斥他说："季氏招待名士，不敢请你。"于是孔子就退了回来。

【原文】

孔子年十七，鲁大夫孟釐子病且死，诫其嗣懿子
曰："孔丘，圣人之后，灭于宋。其祖弗父何始有宋而
嗣让厉公。及正考父佐戴、武、宣公，三命兹益恭，故
鼎铭云：'一命而偻，再命而伛，三命而俯，循墙而走，
亦莫敢余侮。饘于是，粥于是，以餬余口。'其恭如是。
吾闻圣人之后，虽不当世，必有达者。今孔丘年少好
礼，其达者欤？吾即没，若必师之。"及釐子卒，懿
子与鲁人南宫敬叔往学礼焉。是岁，季武子卒，平子
代立。

【译文】

孔子十七岁那年，鲁国的大夫孟釐子病危，告诫他的后人懿子说："孔丘，是圣人的后代。他的祖先是宋国贵族，后来败落了。他先祖弗父何当初本该继承宋国的王位，但他却让给他的弟弟厉公。到了弗父何的曾孙正考父时，正考父辅佐宋戴公、宋武公、宋宣公三朝君主，做了上卿。他的官越大越谦虚谨慎，所以考父鼎的铭文这样描述他自己：'第一次受命时曲身而受；再次为他加官进爵时，他折腰弓背接受封赏；等第三次嘉赏他时，俯首深弯腰背而受。走路时即使靠着墙走，没人敢轻侮我。这个鼎就是我用来煮面糊和稀粥糊口度日用的。'他就是这般恭谨俭约。我听说圣人的后裔，虽不一定能继承王位，但一定会有德才兼备、闻名于世的人。如今孔丘年纪轻轻就博学好礼，他不就是要显达的人吗？我将不久于人世，你一定要拜他为师。"孟釐子死后，懿子和鲁人南宫敬叔，便去向孔子学礼。这一年，季武子死了，平子继承了卿位。

【原文】

孔子贫且贱。及长，尝为季氏史，料量平；尝为司职吏而畜蕃息。由是为司空。已而去鲁，斥乎齐，逐乎宋、卫，困于陈、蔡之间，于是反鲁。孔子长九尺有六寸，人皆谓之"长人"而异之。鲁复善待，由是反鲁。

【译文】

孔子家境贫寒而且地位低下。成年以后曾在季氏门下做小吏，做过仓库管理员，收粮且做得很清楚；他还担任过管理牧场的小吏，牲口繁衍迅速而且膘肥体壮。他因为工作成绩突出被提升为主管工程的司空。过了不多久，他离开鲁国，在齐国受到排斥，遭到宋、卫两国驱逐。又在陈、蔡两国间遭遇困厄，最后又回到鲁国。孔子有九尺六寸高，大家都叫他"长人"，觉得他与众不同。由于鲁国再度给予他好待遇，所以他才回到鲁国。

【原文】

鲁南宫敬叔言鲁君曰："请与孔子适周。"鲁君与之一乘车，两马，一竖子俱，适周问礼，盖见老子云。辞去，而老子送之曰："吾闻富贵者送人以财，仁人者送人以言。吾不能富贵，窃仁人之号，送子以言，曰：'聪明深察而近于死者，好议人者也。博辩广大危其身者，发人之恶者也。为人子者毋以有己，为人臣者毋以有己。'"孔子自周反于鲁，弟子稍益进焉。

【译文】

鲁国人南宫敬叔对鲁君说："请让我和孔子一起去周。"于是鲁君就给南宫敬叔一辆车子，两匹马，一个僮仆，让他们和孔子一块到周室去学礼，据说是见到了老子。辞行时，老子对孔子说："我听说有钱或是地位高的人给人送行时送人财物，品行高尚的人给人送行时则告人以金玉良言。我不能够富贵，却冒用了仁人的名号，送你几句至理名言，这几句话是：'聪明而又善于动察世故的人常常遇到死亡的威胁，那是因为他喜欢非议他人；博学善辩、才能广大的人，常使自己遭遇不测，那是因为他愿意揭露他人的过失。做人子女的应该心存父

环带纹甗　春秋后期。通高61.5厘米，宽47.4厘米，重28.8千克。

母，不该只想到自己；做人臣属的应该心存君上，不能只顾自己。'"孔子从周到鲁之后，门徒越来越多了。

【原文】

是时也，晋平公淫，六卿擅权，东伐诸侯；楚灵王兵强，陵轹中国；齐大而近于鲁。鲁小弱，附于楚则晋怒；附于晋则楚来伐；不备于齐，齐师侵鲁。

【译文】

这个时候，晋平公荒淫无度，六家大臣执掌国政，不断兴兵讨伐东边邻国；楚灵王颇具军事实力，也经常北上侵犯中原；齐是个大国离鲁国又近。鲁国弱小，要是归附于楚，晋国就会不高兴；如果要投靠晋，楚国就会伐鲁；如果不防备齐国，齐国也有可能侵略鲁国。

【原文】

鲁昭公之二十年，而孔子盖年三十矣。齐景公与晏婴来适鲁，景公问孔子曰："昔秦穆公国小处辟，其霸何也？"对曰："秦，国虽小，其志大；处虽辟，行中正。身举五羖，爵之大夫，起累绁之中，与语三日，授之以政。以此取之，虽王可也，其霸小矣。"景公说。

【译文】

鲁昭公二十年，那时孔子大概有三十岁了。齐景公带着晏婴出使鲁国，景公就问孔子说："从前秦穆公时，国家很小，领地又地处偏远，他凭什么能成为霸主呢？"孔子回答说："秦国虽然小，志向却很远大；虽然地处偏僻，但他治国有方。亲自举拔用五张黑羊皮赎来的贤士百里奚，授给他大夫的官爵，把他从监狱中救出来，就和他一连畅谈了三天，并让他执掌国政。像他这样治理国家，就是统治整个天下也是可以的，要是只当个霸主就太小了。"景公听了很高兴。

【原文】

孔子年三十五，而季平子与郈昭伯以斗鸡故得罪鲁昭公，昭公率师击平子，平子与孟氏、叔孙氏三家共攻昭公，昭公师败，奔于齐，齐处昭公乾侯。其后顷之，鲁乱。孔子适齐，为高昭子家臣，欲以通乎景公。与齐太师语乐，闻《韶》音，学之，三月不知肉味，齐人称之。

【译文】

　　孔子三十五岁时，季平子因为和郈昭伯斗鸡发生争执得罪了鲁昭公，昭公带兵攻打平子，于是平子就联合子孟孙氏、叔孙氏，三家一起围攻昭公，昭公被他们打败了，逃到了齐国，齐国把昭公安置在乾侯。过了不多久，鲁国发生变乱，孔子来到齐国，做了高昭子的家臣，想借昭子的关系接近景公。孔子和齐国的乐官谈论音乐，听到歌颂舜的《韶》乐，专心地学起来，竟然三个月品不出肉味，齐人都称道这件事。

【原文】

　　　　景公问政孔子，孔子曰："君君，臣臣，父父，子子。"景公曰："善哉！信如君不君，臣不臣，父不父，子不子，虽有粟，吾岂得而食诸！"他日又复问政于孔子，孔子曰："政在节财。"景公说，将欲以尼谿田封孔子。晏婴进曰："夫儒者滑稽而不可轨法；倨傲自顺，不可以为下；崇丧遂哀，破产厚葬，不可以为俗；游说乞贷，不可以为国。自大贤之息，周室既衰，礼乐缺有间。今孔子盛容饰，繁登降之礼，趋详之节，累世不能殚其学，当年不能究其礼。君欲用之以移齐俗，非所以先细民也。"后景公敬见孔子，不问其礼。异日，景公止孔子曰："奉子以季氏，吾不能。"以季孟之间待之。齐大夫欲害孔子，孔子闻之。景公曰："吾老矣，弗能用也。"孔子遂行，反乎鲁。

【译文】

　　齐景公向孔子讨教治国之道，孔子说："当国君就要有个当君主的样儿，当臣子的就要有个当臣子的样，当父亲的要有父亲的作派，作儿子的要有个当儿子的样儿。"景公听了说："对极了！要真是国君不像国君，臣子不像臣子，父亲不像父亲，儿子不像儿子，即使有再多的粮食，有我吃的份儿吗？"过了些时日景公又问孔子治国的基本点，孔子说："治国的关键在于控制开支，减少财政支出。"景公听了很高兴，打算把尼谿地方的田封给孔子。晏婴劝阻道："学习儒术的人，都能言善辩，不能用法来约束他；傲慢任性自以为是，是很难驾驭的；他们推重丧事，极尽哀悼之情，为了办丧事摆排场不惜倾家荡产，不能在民间推崇这种做法；他们为了谋到一官半职四处游说，这种人不能用来掌理国事。自从文王、武王、周公这些大贤相继去世，周朝王室已经衰微，礼崩乐坏也不是一两天的事了。现在孔子却对仪容服饰刻意讲究，提出繁杂的上朝下朝的礼节，刻意讲究行动审慎有礼节的这些繁文缛节，几辈人都学不完，一辈子也研究不透。您想用这一套东西来改革我们齐国的礼俗，恐怕不是能引导百姓的良策。"此后，景公只是很客气地接见孔子，不再向他谈及礼的事了。有一天，景公把孔子留下说："我不可能像鲁国厚待季孙氏那样厚待你。"所以就把孔子视如普通大臣。齐国的大夫有人想害孔子，孔子得到消息。景公也说："我老啦，不能任用你了。"于是孔子就离开齐国，回到鲁国。

【原文】

孔子年四十二，鲁昭公卒于乾侯，定公立。定公立五年，夏，季平子卒，桓子嗣立。季桓子穿井得土缶，中若羊，问仲尼云"得狗"。仲尼曰："以丘所闻，羊也。丘闻之，木石之怪夔、罔阆，水之怪龙、罔象，土之怪坟羊。"

【译文】

孔子四十二岁那年，鲁昭公死在乾侯，定公即位。定公继位的第五个夏天，季平子死了，桓子继承父亲的祭嗣做了上卿，季桓子在自家打水井，挖到一个瓦罐，瓦罐里有个像羊的东西，他不认识就去问孔子，并且说挖得的瓦器里有只狗。孔子说："据我所知，那是羊。我听人说过。山林里的怪物是一种单足'夔'，还有一种是会学人说话的山精'罔阆'（魍魉）；水里面的怪物是神龙，和会吃人的水怪'罔象'；泥土里的怪物，则是一种雌雄同体的'坟羊'。"

番君鬲　春秋前期，长11.8厘米，宽16厘米，重1.46千克。

【原文】

吴伐越，堕会稽，得骨节专车。吴使使问仲尼："骨何者最大？"仲尼曰："禹致群神于会稽山，防风氏后至，禹杀而戮之，其节专车，此为大矣。"吴客曰："谁为神？"仲尼曰："山川之神足以纲纪天下，其守为神，社稷为公侯，皆属于王者。"客曰："防风何守？"仲尼曰："汪罔氏之君守封、禺之山，为釐姓。在虞、夏、商为汪罔，于周为长翟，今谓之大人。"客曰："人长几何？"仲尼曰："僬侥氏三尺，短之至也。长者不过十之，数之极也。"于是吴客曰："善哉圣人！"

史记·世家

【译文】

吴国攻打越国，摧毁越都会稽，挖城时发现一节骨头，足有一辆车那么长。吴王专门派人去问孔子说："谁的骨头最大？"孔子说："大禹王召集群神到会稽山，防风氏去晚了，禹就把他杀了陈尸在那儿，他的骨头一节就足有一辆车那么长，所以说防风氏的骨头是最大。"吴使问道："那神又是谁呢？"孔子说："山川的神灵，能够造福天下，负责监守山川、按时祭祀的就是神；守护土神和谷神的人叫公侯，他们都归王者管。"使者又问："防风氏是监守什么的？"孔子说："汪罔氏的君长监守封山、禺山一带，是釐姓。在虞、夏、商三代称汪罔，到了周代称长翟，现在就叫作大人。"使者问道："人身高多少？"孔子说："僬侥氏身长三尺，是最矮的；最高的不过三丈，这就是身高的极限了。"吴使听了孔子这番话，说："真是了不起的圣人啊！"

【原文】

桓子嬖臣曰仲梁怀，与阳虎有隙。阳虎欲逐怀，公山不狃止之。其秋，怀益骄，阳虎执怀。桓子怒，阳虎因囚桓子，与盟而醳之。阳虎由此益轻季氏。季氏亦僭于公室，陪臣执国政，是以鲁自大夫以下皆僭，离于正道。故孔子不仕，退而修《诗》、《书》、《礼》、《乐》，弟子弥众，至自远方，莫不受业焉。

【译文】

季桓子的宠臣叫仲梁怀，和阳虎有矛盾。阳虎想驱逐仲梁怀，公山不狃拦住了他。这年秋天，仲梁怀更加骄纵，阳虎把他给抓了起来。季桓子很生气，阳虎索性把桓子也抓起来了，桓子被迫与阳虎盟誓阳虎才释放他。阳虎从此更加看不起季氏。季氏的行为也经常超出自己应有的礼仪，声势排场超过鲁国公室，一个上卿的家臣，就执掌了国家的政权，因此鲁国从大夫以下，都不守本分，违背常道。所以孔子不愿意在鲁国作官，赋闲在家，专心研究整理《诗》、《书》、《礼》、《乐》这些典籍，学生越来越多，很多人不远千里来向他求教。

【原文】

定公八年，公山不狃不得意于季氏，因阳虎为乱，欲废三桓之適，更立其庶孽阳虎素所善者，遂执季桓子。桓子诈之，得脱。定公九年，阳虎不胜，奔于齐。是时孔子年五十。

【译文】

鲁定公八年，公山不狃不再被季氏宠信，所以他反过来帮阳虎兴兵作乱，打算废掉季孙、叔孙、孟孙三桓的嫡长子，拥立平日为阳虎所喜欢的庶子，于是就把桓子抓了起来。桓子用计骗他，逃了出来。定公九年，阳虎作乱不成，逃往齐国。这个时候，孔子五十岁。

【原文】

公山不狃以费畔季氏，使人召孔子。孔子循道弥久，温温无所试，莫能己用，曰："盖周文、武起丰镐而王，今费虽小，傥庶几乎！"欲往。子路不说，止孔子。孔子曰："夫召我者岂徒哉？如用我，其为东周乎！"然亦卒不行。

【译文】

公山不狃以费邑做据点反叛季氏，派人来召孔子。孔子探寻治国之道已经很久了，一直郁郁不得志，不被人重用，不禁说道："当初周文王、武王当年是以丰、镐那么小的地方建起王业的；现在费邑虽然小了点，或许也能成为建立王业的地方吧！"想要应召去辅佐不狃，子路很不高兴，劝孔子不要去。孔子说："他们召我去，难道是为了让我白跑一趟吗？如果他真能用我，就可以在东方施行周朝的礼乐制度了。"然而他最终未能如愿。

子路　即仲由（前542－前480），字子路，又字季路，鲁国卞（今山东泗水县）人，孔子得意门生，以政事见称。

【原文】

　　其后定公以孔子为中都宰，一年，四方皆则之。由中都宰为司空，由司空为大司寇。

【译文】

　　后来鲁定公任命孔子做中都地方的长官，孔子才到职一年就让鲁国有了起色，四方的官吏都效法孔子的治理方法。孔子由中都宰被提拔为司空，又由司空升任大司寇。

【原文】

　　定公十年春，及齐平。夏，齐大夫黎锄言于景公曰："鲁用孔丘，其势危齐。"乃使使告鲁为好会，会于夹谷。鲁定公且以乘车好往。孔子摄相事，曰："臣闻有文事者必有武备，有武事者必有文备。古者诸侯出疆，必具官以从。请具左右司马。"定公曰："诺。"具左右司马。会齐侯夹谷，为坛位，土阶三等，以会遇之礼相见，揖让而登。献酬之礼毕，齐有司趋而进曰："请奏四方之乐。"景公曰："诺。"于是旍旄羽袚矛戟剑拨鼓噪而至。孔子趋而进，历阶而登，不尽一等，举袂而言曰："吾两君为好会，夷狄之乐何为于此！请命有司！"有司却之，不去，则左右视晏子与景公。景公心怍，麾而去之。有顷，齐有司趋而进曰："请奏宫中之乐。"景公曰："诺。"优倡侏儒为戏而前。孔子趋而进，历阶而登，不尽一等，曰："匹夫而营惑诸侯者罪当诛！请命有司！"有司加法焉，手足异处。景公惧而动，知义不若，归而大恐，告其群臣曰："鲁以君子之道辅其君，而子独以夷狄之道教寡人，使得罪于鲁君，为之奈何？"有司进对曰："君子有过则谢以质，小人有过则谢以文。君若悼之，则谢以实。"于是齐侯乃归所侵鲁之郓、汶阳、龟阴之田以谢过。

【译文】

定公十年的春天，鲁国和齐国重归于好。这年夏天。齐国的大夫黎鉏就对景公说："鲁国启用孔丘，照这样发展下去，势必危胁到齐国的。"于是派了使者去鲁国谈建交的有关事宜，约鲁定公在夹谷和谈。鲁定公乘车去和谈，丝毫未采取防范措施。这时孔子正好负责兼理典礼会盟的事务，就对定公说："我听说外交谈判一定要做好打仗的准备，兴兵也要有文官随从，从前凡是诸侯出了自己的国境，一定要配齐文武官员随行。请让左司马、右司马陪您一道去。"定公说："好的。"就带了左右司马去夹谷与齐侯会谈。夹谷早已筑了高台，台上备好席位，设好了三级登台的土阶。两君就在台前行了相见礼，彼此恭让了一番才登上台。双方彼此交换礼物后，齐国管事的官员急忙前来请示道："请演奏四方各族的乐曲。"景公说："好。"于是齐国乐队，以旌旗为先导，头插羽毛，身披皮衣，手执矛、戟、剑、楯等兵器，闹哄哄地往台上拥。孔子见了赶忙跑过来，一步一阶就往台上走，还没迈上第三阶台阶，便举袖一挥，说："我们两国君主，是为了和好才来和谈，这种夷狄的野蛮舞乐，怎么可以用在这个场合呢！请命管事官员撤下这组音乐！"管事喝令他们退下，他们动也不动。孔子看看左边的晏子，又看看右方的景公，景公心里惭愧，挥手叫乐队离去。过了一会儿，齐国管事的官员又跑来说："请演奏宫中的乐曲。"景公应说："好。"于是齐国供人取乐艺人、矮小侏儒边唱边舞走上前来。孔子看了又急忙过来，一步一阶往台上走，还没跨上最后一阶就说道："无知的小民胆敢戏弄诸侯，应处以死刑，请下令管事依法惩治他们！"于是管事官员依法处罚，那些人当即手脚离了身。景公看了孔子义正辞严，知道自己理亏。回国之后景公心里很不安，就对群臣说："鲁国的大臣用君子的道理辅佐他君主，而你们却用蛮夷之策教我，害我得罪了鲁君，这该怎么办呢？"主事的官吏上前回话："君子有了过错，就老老实实向人家道歉认错；小人有了过错，就极力向人家掩饰自己的错误。君上如果为您的所作所为痛心，就老老实实地赔不是。"于是齐侯就把以前从鲁国侵夺来的郓、汶阳和龟阴的土地还给鲁国，以此向鲁君道歉。

【原文】

定公十三年夏，孔子言于定公曰："臣无藏甲，大夫毋百雉之城。"使仲由为季氏宰，将堕三都。于是叔孙氏先堕郈。季氏将堕费，公山不狃、叔孙辄率费人袭鲁。公与三子入于季氏之宫，登武子之台。费人攻之，弗克，入及公侧。孔子命申句须、乐颀下伐之，费人北。

国人追之，败诸姑蔑。二子奔齐，遂堕费。将堕成，公
敛处父谓孟孙曰："堕成，齐人必至于北门。且成，孟
氏之保鄣，无成是无孟氏也。我将弗堕。"十二月，公
围成，弗克。

【译文】

　　鲁定公十三年的夏天，孔子对定公说："作臣子的不允许私藏武器；大夫
的封邑不能筑起高一百丈长三百丈的大城墙。"就派仲由去当季氏的管家，打
算拆毁季孙、叔孙、孟孙三家封邑的城墙。当时叔孙先将郈邑的城拆了，季孙
正准备拆费的城，公山不狃就和叔孙率领费邑人向鲁城发动进攻，定公和季
孙、叔孙、孟孙三人就躲进了季的住处，登上武子台。费人围攻他们，却攻不
下，但已逼进到定公所登的台侧。孔子就派了申句须、乐颀下台来攻击他们，
费人被打得落荒而逃。国人乘胜追击，在故蔑彻底打败了这伙叛军。公山不狃、
叔孙两人便逃到齐国，费城最终被拆了。接着准备拆成城，成邑的长官公敛处
父对孟孙氏说："拆了成邑的城，齐人肯定要攻打我们的北大门。况且成城是
你们孟氏的保障，没有成城就等没有孟氏了。我打算抗命不拆。"十二月，定
公的部队包围成城，却没攻下来。

【原文】

　　　　定公十四年，孔子年五十六，由大司寇行摄相事，
有喜色。门人曰："闻君子祸至不惧，福至不喜。"孔
子曰："有是言也。不曰'乐其以贵下人'乎？"于是诛
鲁大夫乱政者少正卯。与闻国政三月，粥羔豚者弗饰
贾；男女行者别于涂；涂不拾遗；四方之客至乎邑者
不求有司，皆予之以归。

【译文】

　　鲁定公十四年，孔子五十六岁。这时他由大司寇代
理宰相职务，洋洋得意，面露喜色。弟子见了说道："听
说君子祸事临头不慌张恐惧，有喜事也不喜形于色。"孔
子说："是有这个话，难道你没听说过'乐在身居高位而
礼贤下士'的话吗？"于是就把扰乱鲁国政事的大夫少正
卯给杀了。孔子参预国政才三个月，贩羊卖猪的商贩就

夔纹有流鼎　通高15.5厘
米，宽21.1厘米，重1.52
千克。

不敢哄抬价钱；路上的男男女女都保持一定距离，各守礼法；路上见了别人遗失的东西也不敢捡；各地来鲁国的游客，不必向官吏请求，都会有宾至如归的感觉，受到热情招待。

【原文】

　　齐人闻而惧，曰："孔子为政必霸，霸则吾地近焉，我之为先并矣。盍致地焉？"黎钮曰："请先尝沮之；沮之而不可，则致地，庸迟乎！"于是选齐国中女子好者八十人，皆衣文衣而舞《康乐》，文马三十驷，遗鲁君，陈女乐文马于鲁城南高门外。季桓子微服往观再三，将受，乃语鲁君为周道游，往观终日，怠于政事。子路曰："夫子可以行矣。"孔子曰："鲁今且郊，如致膰乎大夫，则吾犹可以止。"桓子卒受齐女乐，三日不听政；郊，又不致膰俎于大夫。孔子遂行，宿乎屯。而师己送，曰："夫子则非罪。"孔子曰："吾歌可夫？"歌曰："彼妇之口，可以出走；彼妇之谒，可以死败。盖优哉游哉，维以卒岁！"师己反，桓子曰："孔子亦何言？"师己以实告。桓子喟然叹曰："夫子罪我以群婢故也夫！"

【译文】

　　齐国听到了这个消息非常害怕，有人对齐王说："如果鲁国一直重用孔子执政，鲁国必会强大称霸；一旦称霸，我们紧挨着鲁国，鲁一定会先侵吞我国领土。与其那样，我们为什么不先送给他们一些土地呢？"黎钮说："还是先试一试阻止它称霸吧，如果阻止不了，再送给他们土地也不迟呀！"于是就从国内挑了八十个年轻貌美的女子，让他们穿上漂亮衣裳，教她们学会跳《康乐》舞；备好一百二十四身上彩色装饰的马，一起给鲁君送去。先让女乐和文马在鲁城南面的高门外表演。季桓子知道了，就穿便装偷偷去观赏了好几回，打算接受齐国的礼物，让鲁君对外谎称自己去各地巡察了，终日到高门外看表演，不理朝政。子路看了情形就劝孔子说："老师，我们可以离开这里吧！"孔子说："鲁国不久就要在南郊祭天，如果能按照礼法把祭祀用的烤肉分送给大夫，那么我们还可以暂时留下。"季桓子最后还是接受了齐人送来的女子乐团，鲁君也一连三天都不过问政务；而且祭祀大典后，又违背常礼，没给大夫们分送祭肉。于是孔子失望地离开了鲁国，当天就在屯过夜。师己前来送行，说："这不是先生的错。"孔子说："我唱个歌可以吗？"于是唱道："美人的一张嘴啊，可以赶走亲信和大臣；亲近那妖艳的美人，可以使你身败名裂，葬送自己的国家。悠闲啊悠闲，我可以这样终此一生！"师己回去了，桓子问他说："孔子说了些什么？"师己照实相告。桓子长叹一声说："孔夫子是怪我接受齐送来的美女啊。"

【原文】

孔子遂适卫，主于子路妻兄颜浊邹家。卫灵公问孔子："居鲁得禄几何？"对曰："奉粟六万。"卫人亦致粟六万。居顷之，或谮孔子于卫灵公。灵公使公孙余假一出一入。孔子恐获罪焉，居十月，去卫。

【译文】

孔子来到了卫国，寄住在子路的妻兄颜浊邹家里。卫灵公问孔子："你在鲁国时每年拿多少俸禄？"孔子回答说："每年拿六万小斗粟子。"卫国给了孔子和鲁国时一样的待遇。过了不久，有人向卫灵公说孔子的坏话，灵公就派公孙余假监视孔子的行踪。孔子担心会被治罪，呆了十个月，就离开卫国。

【原文】

将适陈，过匡，颜刻为仆，以其策指之曰："昔吾入此，由彼缺也。"匡人闻之，以为鲁之阳虎。阳虎尝暴匡人，匡人于是遂止孔子。孔子状类阳虎，拘焉五日。颜渊后，子曰："吾以汝为死矣。"颜渊曰："子在，回何敢死！"匡人拘孔子益急，弟子惧。孔子曰："文王既没，文不在兹乎？天之将丧斯文也，后死者不得与于斯文也。天之未丧斯文也，匡人其如予何！"孔子使从者为宁武子臣于卫，然后得去。

【译文】

孔子要到陈国去，路过匡城，弟子颜刻替孔子赶车，用鞭子指着一处说："从前我就是从这个缺口进城的。"匡人闻听此事，以为鲁国的阳虎来了。因为阳虎曾经残害过匡人，匡人因此围困了孔子。孔子长得酷似阳虎，所以足足被困了五天。颜渊后来才赶到，孔子说："我以为你丧生了呢！"颜渊说："老师您还健在，我怎敢轻易就死呢！"匡人围捕孔子越来越急，弟子们都很害怕，孔子就说："虽然文王已经不在了，但这不是还有周代的遗风吗？上天如果要绝灭这种制度，就不会让我们这些后死的人承担维护这种制度的责任。天意既然不绝灭这种制度，那匡人又能把我们怎么样呢！"于是孔子派了一个随行弟子到卫宁武子那里做家臣，这样才得以脱离险境，离开匡城。

【原文】

去即过蒲。月余，反乎卫，主蘧伯玉家。灵公夫人有南子者，使人谓孔子曰："四方之君子不辱欲与寡君为兄弟者，必见寡小君。寡小君愿见。"孔子辞谢，不得已而见之。夫人在絺帷中，孔子入门，北面稽首。夫人自帷中再拜，环佩玉声璆然。孔子曰："吾乡为弗见，见之礼答焉。"子路不说。孔子矢之曰："予所不者，天厌之！天厌之！"居卫月余，灵公与夫人同车，宦者雍渠参乘，出，使孔子为次乘，招摇市过之。孔子曰："吾未见好德如好色者也。"于是丑之，去卫，过曹。是岁，鲁定公卒。

【译文】

孔子离开匡城就到了蒲城。过了一个月多，又回到卫国，寄住在蘧伯玉家。卫灵公有一个叫南子的夫人，派人去请孔子说："各国的君子想和我们君主缔结兄弟之谊并不以此为辱的，都会去拜访我们夫人。而且我们夫人很想见你。"孔子找借口推辞着不想去，最后还是硬着头皮去了。孔子去拜见夫人时，夫人早已站在细葛布帷中等待。孔子进了门，向北行跪拜礼。夫人在帷里面回拜答礼，身上的佩玉首饰叮当作响。事后孔子说："我一向是不想去见她，现在既然见了，就要识礼答谢。"子路还是不高兴。

郑义伯匜　春秋前期，通高45.5厘米，口径14.7厘米，重9.66千克。

孔子发誓说："假如我做的不对，上天一定讨厌我！上天一定讨厌我！"在卫住了一个多月，卫灵公和夫人同坐了一辆车子，宦官雍渠在身边服侍着，出了宫门，要孔子坐第二部车跟着，招摇过市。孔子感慨地说："我还没见过爱慕德行像爱慕美色一般热切的人。"于是开始厌恶卫灵公的言行，就离开卫国往曹国去了。这一年，鲁定公去世。

【原文】

孔子去曹适宋，与弟子习礼大树下。宋司马桓魋欲杀孔子，拔其树。孔子去。弟子曰："可以速矣。"孔子曰："天生德于予，桓魋其如予何！"

【译文】

孔子离开曹国到宋国，和弟子们在大树下学习礼仪。宋国的司马桓魋想要铲除孔子，把大树给砍了，孔子只好离去。孔子的学生催促孔子说："咱们快点走吧！"孔子说："上天既然使我具备圣德之性，桓魋又能把我怎样？"

【原文】

孔子适郑，与弟子相失，孔子独立郭东门。郑人或谓子贡曰："东门有人，其颡似尧，其项类皋陶，其肩类子产，然自要以下不及禹三寸，累累若丧家之狗。"子贡以实告孔子。孔子欣然笑曰："形状，末也。而谓似丧家之狗，然哉！然哉！"

【译文】

孔子来到郑国，和他的学生走散了，孔子一个人站在外城的东门口。郑国有人看见孔子了，就对子贡说："东门那有一个人，他的额头像唐尧，后颈像皋陶，肩膀像子产，可是腿比禹短了三寸；像丧家犬一样狼狈不堪。"子贡见到孔子后，如实将那人的话转告给孔子，孔子笑着说："一个人长什么样不重要；要是说像丧家犬，果真如此！果真如此！"

【原文】

孔子遂至陈，主于司城贞子家。岁余，吴王夫差伐陈，取三邑而去。赵鞅伐朝歌。楚围蔡，蔡迁于吴。吴败越王勾践会稽。

【译文】

孔子来到了陈国，寄住在司城贞子家里。过了一年多，吴王夫差率兵攻打陈国，攻下陈国三个城邑才撤兵。赵鞅负责攻打卫国的都城朝歌。楚国围攻蔡国，蔡国就请求迁入吴国领地，受吴保护。吴国又在会稽地方把越王勾践打败了。

【原文】

　　有隼集于陈廷而死，楛矢贯之，石砮，矢长尺有咫。陈湣公使使问仲尼。仲尼曰："隼来远矣，此肃慎之矢也。昔武王克商，通道九夷百蛮，使各以其方贿来贡，使无忘职业。于是肃慎贡楛矢石砮，长尺有咫。先王欲昭其令德，以肃慎矢分大姬，配虞胡公而封诸陈。分同姓以珍玉，展亲；分异姓以远方职，使无忘服。故分陈以肃慎矢。"试求之故府，果得之。

【译文】

　　一天，一只隼鹰落在陈国宫廷前死了，被那些鹰隼箭射穿身体，箭杆是楛木的，箭头是石头做的，箭杆有一尺八寸长。陈湣公派人去请教孔子，孔子说："鹰隼是从很远的地方飞来的，这箭是肃慎人的箭。从前武王灭纣，就沟通了与四方蛮夷民族的联系，让九夷百蛮各族贡献各自的地方特产，使他们铭记自己的职责义务。于是肃慎人献来楛木做的箭杆、石头做的箭头，箭长一尺八寸。先王为了向人显示他能收服四方蛮夷的美德，就把慎人的箭分给长女大姬。后来大姬嫁给了虞胡公，虞胡公又被封到陈国。当初分赠美玉给同姓诸侯，是为了表示重视亲族；分远方的贡物给异姓诸侯，是要他们服从王命，所以把肃慎人的箭分给陈国。"湣公听了叫人到收藏旧物的仓库去查证一下，果然找到了这种箭。

【原文】

　　孔子居陈三岁，会晋、楚争强，更伐陈，及吴侵陈，陈常被寇。孔子曰："归与归与！吾党之小子狂简，进取不忘其初。"于是孔子去陈。

【译文】

　　孔子在陈住了三年，正赶上晋、楚两国争霸，轮番来打陈国，等到吴国攻陈时，陈国常常受到侵犯。孔子感叹说："回去吧！回去吧！我们这帮人中有些弟子，胸怀大志，只是行事不注重小节；他们都很有进取心，也没忘掉自己最初的理想。"于是孔子就离开了陈国。

【原文】

　　过蒲，会公叔氏以蒲畔，蒲人止孔子。弟子有公良孺者，以私车五乘从孔子。其为人长，贤，有勇力，谓曰："吾昔从夫子遇难于匡，今又遇难于此，命也已。吾与夫子再罹难，宁斗而死。"斗甚疾。蒲人惧，谓孔子曰："苟毋适卫，吾出子。"与之盟，出孔子东门。孔子遂适卫。子贡曰："盟可负邪？"孔子曰："要盟也，神不听。"

【译文】

　　路过蒲邑，刚好遇上公叔氏占据了蒲造反，蒲人就把孔子扣在那了。孔子的学生中有个叫公良孺的，自己带了五辆车子跟随孔子周游各地。他身材高大，德才兼备，又力大无比，他对孔子说："我以前跟着老师在匡地遇难，如今又在这里被围困，这是命吧！我和老夫子一再地遭难，宁愿跟他们拼个你死我活！"于是就跟蒲人展开血战。蒲人害怕了，就对孔子说："如果您不去卫国，我就放你们走。"于是双方盟誓，就放孔子一行从东门离去。孔子脱险后一路往卫国跑。子贡说："可以违背誓言吗！"孔子说："被迫订的条约，神明是不会认可的。"

【原文】

　　卫灵公闻孔子来，喜，郊迎。问曰："蒲可伐乎？"对曰："可。"灵公曰："吾大夫以为不可。今蒲，卫之所以待晋、楚也，以卫伐之，无乃不可乎？"孔子曰："其男子有死之志，妇人有保西河之志。吾所伐者不过四五人。"灵公曰："善。"然不伐蒲。

【译文】

　　卫灵公听说孔子来了，很高兴，亲自出城迎接。卫灵公问孔子："可以讨伐蒲吗？"孔子答说："可以。"灵公说："我的大夫们认为不可攻蒲。因现如今蒲是卫国防备晋、楚的屏障，用我们卫国的兵力去攻打，可能不太好吧？"孔子说："蒲邑的百姓，男的都有誓死报国的决心，妇女们也有保卫西河的愿望。所以我们所要讨伐的，只是造

毛叔盘　通高17.2厘米，口径47.6厘米，宽52.5厘米，重14.26千克。

反的头子，不过四五个人罢了。"灵公说："很好。"然而并未发兵去平定蒲的叛乱。

【原文】

灵公老，怠于政，不用孔子。孔子喟然叹曰："苟有用我者，期月而已，三年有成。"孔子行。

【译文】

卫灵公老了，朝政荒废，也不再任用孔子。孔子很感叹地说："如果有人用我来掌理国政，一年就差不多见成效，三年会很有成绩。"孔子只好离开了。

【原文】

佛肸为中牟宰。赵简子攻范、中行，伐中牟。佛肸畔，使人召孔子。孔子欲往。子路曰："由闻诸夫子，'其身亲为不善者，君子不入也'。今佛肸亲以中牟畔，子欲往，如之何？"孔子曰："有是言也。不曰坚乎，磨而不磷；不曰白乎，涅而不淄。我岂匏瓜也哉，焉能系而不食？"

【译文】

佛肸做中牟长官。晋国的大夫赵简子要向范氏、中长氏两家发动进攻，讨伐中牟。佛肸就以中牟作据点公开造反，佛肸派人去请孔子帮忙。孔子打算前往，子路说："我听老师说过：'那种自己不做好事的人，君子是不会帮他的。'现在佛肸自己在中牟聚众谋反，您为什么要去帮忙呢？"孔子说："我是说过这话。但我不也说过，坚硬的东西磨不薄，洁白的东西染不黑。我难道是个中看不中吃的葫芦瓜吗？怎么能只作摆设而不吃呢？"

【原文】

孔子击磬，有荷蒉而过门者，曰："有心哉，击磬乎！硁硁'乎，莫己知也夫而已矣！"

【译文】

一天孔子击着磬，有个担着草包的人从他门前经过正好听见了，说道："真是有心啊，这个击磬的人！叮叮硁硁在石头上敲个不停！既然世上没有人赏识自己，那就算了罢！"

【原文】

　　孔子学鼓琴师襄子，十日不进。师襄子曰："可以益矣。"孔子曰："丘已习其曲矣，未得其数也。"有间，曰："已习其数，可以益矣。"孔子曰："丘未得其志也。"有间，曰："已习其志，可以益矣。"孔子曰："丘未得其为人也。"有间，有所穆然深思焉，有所怡然高望而远志焉，曰："丘得其为人，黯然而黑，几然而长，眼如望羊，如王四国，非文王其谁能为此也！"师襄子辟席再拜，曰："师盖云《文王操》也。"

【译文】

　　孔子拜襄子为师，和他学弹琴，一连十天都弹那一首曲子。师襄子说："可以换首曲子了。"孔子说："虽然我现在熟知曲谱，但还没有熟练掌握弹琴的技法。"过了一些时候，师襄子又说："你已经掌握了弹琴的技法，可以换首曲子了。"孔子说："我还没领会乐曲的意境。"几天后，师襄子又说："你已领会了乐曲的意境，可以换首曲子了。"孔子说："我还没有理解作曲者的人品！"又过一段时间，孔子肃穆深思，转而又怡然自得，显出志向高远的神态。最后说道："我知道作曲者是什么样的人了！他的肤色黑黑的，个子高高的，眼光是那明亮远大。像个统治四方诸侯的王者，除了文王还有谁能这样呢！"师襄子离开座位，拜了拜孔子说："我老师曾说过这首琴曲是《文王操》。"

【原文】

　　孔子既不得用于卫，将西见赵简子。至于河而闻窦鸣犊、舜华之死也，临河而叹曰："美哉水，洋洋乎！丘之不济此，命也夫！"子贡趋而进曰："敢问何谓也？"孔子曰："窦鸣犊、舜华，晋国之贤大夫也。赵简子未得志之时，须此两人而后从政；及其已得志，杀之乃从政。丘闻之也，刳胎杀夭则麒麟不至郊，竭泽涸渔则蛟龙不合阴阳，覆巢毁卵则凤皇不翔。何则？君子讳伤其类也。夫鸟兽之于不义也尚知辟之，而况乎丘哉！”乃还息乎陬乡，作为《陬操》以哀之。而反乎卫，入主蘧伯玉家。

【译文】

　　卫国不肯重用孔子，孔子于是打算往西去见赵简子。到了黄河边，听到窦鸣犊、舜华两人被杀的消息，就对着河水感叹说："浩浩荡荡的黄河水多宏美啊！我无法渡过这条河，怕是命中注定的吧！"子贡听后走到孔子跟前问道："您说这话是什么意思？"孔子说："窦鸣犊和舜华两人，是晋国有才德的大夫。赵简子没掌权时，是倚仗窦、舜二人才得以掌权的；如今他得志了，却要卸磨杀驴，独掌朝政。我听说过：'一个地方的人，如果残忍到剖腹取胎，杀害幼兽，麒麟就不会到他的郊外去；排干了池塘水来捉鱼，蛟龙就不能调合阴阳，兴云致雨；弄翻鸟儿的巢打破了卵，凤凰就不愿往那飞。为什么会这样呢？因为君子忌讳自己的同类受到伤害啊！飞禽走兽尚且知道应该避开不仁不义的家伙，何况是我孔丘呢！"于是回到老家陬乡休养，作了《陬操》这首琴曲，哀悼窦鸣犊和舜华。随后又回到了卫国，住进蘧伯玉的家。

【原文】

　　　　他日，灵公问兵陈，孔子曰："俎豆之事则尝闻之，军旅之事未之学也。"明日，与孔子语，见蜚雁，仰视之，色不在孔子。孔子遂行，复如陈。

【译文】

　　有一天，卫灵公问孔子该怎样摆兵布阵。孔子说："我只知道有关祭祀典礼方面的事；至于摆兵布阵的事，我没学过。"第二，灵公正和孔子在谈话，见有雁群飞过，只顾抬头仰望，根本无意理睬孔子。于是孔子就离开卫国，到陈国去了。

【原文】

　　　　夏，卫灵公卒，立孙辄，是为卫出公。六月，赵鞅内太子蒯聩于戚。阳虎使太子绖，八人衰绖，伪自卫迎者，哭而入，遂居焉。冬，蔡迁于州来。是岁鲁哀公三年，而孔子年六十矣。齐助卫围戚，以卫太子蒯聩在故也。

【译文】

　　这年夏天，卫灵公去世，灵公的孙子辄即位，他就是卫出公。六月间，赵鞅在戚邑接纳了卫灵公的太子蒯聩。于是指使阳虎让太子身穿丧服，另找了八个人披麻带孝，谎称是卫国派来接太子回去奔丧的，假哭着进入卫国，没有成功，太子就在戚邑住下来。冬天里，蔡国从新蔡迁到州来。这一年是鲁哀公三年，而孔子已六十岁了。齐国之所以帮助卫国围攻戚邑，是因为卫太子蒯聩住在那儿。

【原文】

　　　　夏，鲁桓、釐庙燔，南宫敬叔救火。孔子在陈，闻之，曰：“灾必于桓、釐庙乎？”已而果然。

【译文】

　　夏天里，鲁桓公、鲁釐公的祀庙起火。南宫敬叔前去救火，这时孔子在陈国，听说鲁庙失火了，说道：“火灾一定发生在桓公、釐公的庙吧！”后来消息证实，果然如他所言。

【原文】

　　　　秋，季桓子病，辇而见鲁城，喟然叹曰：“昔此国几兴矣，以吾获罪于孔子，故不兴也。”顾谓其嗣康子曰：“我即死，若必相鲁；相鲁，必召仲尼。”后数日，桓子卒，康子代立。已葬，欲召仲尼。公之鱼曰：“昔吾先君用之不终，终为诸侯笑。今又用之，不能终，是再为诸侯笑。”康子曰：“则谁召而可？”曰：“必召冉求。”于是使使召冉求。冉求将行。孔子曰：“鲁人召求，非小用之，将大用之也。”是日，孔子曰：“归乎归乎！吾党之小子狂简，斐然成章，吾不知所以裁之。”子贡知孔子思归，送冉求，因诚曰“即用，以孔子为招”云。

【译文】

　　这年秋天，季桓子病重，乘辇车时望见鲁城，感叹地说："以前这个国家是很有可能成为强国的，只因为我得罪了孔子，没重用他，影响了国家的发展啊！"随即对他的嗣子康子说："我死了，你就是鲁国宰相；任宰相后，一定得请孔子回来。"几天后，桓子病逝，康子继承了卿位。办完丧事之后，康子想召见孔子。公之鱼却说："从前我们先君没能始终任用孔子，最后被诸侯耻笑。现在你再用他，如果又半途而废，怕又要成为诸侯的笑柄。"季康子说："那我任用谁比较好呢？"公之鱼说："应该召冉求。"于是派了专人来召冉求。冉求即将起程时，孔子说："鲁国当局来召冉求，不会小用他，应对其委以重任。"就在这一天，孔子说："回去吧！回去吧！我们这一帮学生，都胸怀大志，只是不注意小节，很富于文彩，我真不知道该怎么教育他们。"子贡知道了孔子想回鲁国去，在送冉求时，叮嘱他："你要是受到重用，设法要他们来请老师回去！"这样一些话。

冉求　（前522－？），字子有，亦称冉有。春秋末年鲁国（今山东曲阜）人。生于鲁昭公二十年，孔子弟子。

【原文】

　　冉求既去，明年，孔子自陈迁于蔡。蔡昭公将如吴，吴召之也。前昭公欺其臣迁州来，后将往，大夫惧复迁，公孙翩射杀昭公。楚侵蔡。秋，齐景公卒。

【译文】

　　冉求回去后，第二年，孔子从陈国到蔡国。蔡昭公应吴王之约要到吴国去。以前昭公瞒着大臣把都邑迁到吴境的州来，现在将应召前往，大夫们担心他又要迁都，公孙翩就在路上把昭公射杀了。楚军侵略蔡国。同年秋天，齐景公死了。

【原文】

　　明年，孔子自蔡如叶。叶公问政，孔子曰："政在来远附迩。"他日，叶公问孔子于子路，子路不对。孔子闻之，曰："由，尔何不对曰'其为人也，学道不倦，诲人不厌，发愤忘食，乐以忘忧，不知老之将至'云尔。"

【译文】

第二年，孔子从蔡国去叶，叶公问孔子应该如何处理政事，孔子说："治理朝政就要招纳远方贤能，让附近的人臣服于自己。"有一天，叶公问子路孔子的为人，子路不知道该如何回答他。孔子听到这事就对子路说："仲由，你怎么不回他说：'他这个人嘛，不过是学习道理不知疲倦，教导别人不知厌烦，用起功来连饭都想不起来吃，求道有得就把所有的烦恼都抛到九霄云外，甚至于不知道自己即将老迈'等等。"

【原文】

去叶，反于蔡。长沮、桀溺耦而耕，孔子以为隐者，使子路问津焉。长沮曰："彼执舆者为谁？"子路曰："为孔丘。"曰："是鲁孔丘与？"曰："然。"曰："是知津矣。"桀溺谓子路曰："子为谁？"曰："为仲由。"曰："子，孔丘之徒与？"曰："然。"桀溺曰："悠悠者天下皆是也，而谁以易之？且与其从辟人之士，岂若从辟世之士哉！"耰而不辍。子路以告孔子，孔子怃然曰："鸟兽不可与同群。天下有道，丘不与易也。"

【译文】

孔子带着徒弟离开了叶，返回蔡国，途中碰到长沮、桀溺两人并肩在田里耕作，孔子看出了他们是隐居乡间的高人，就叫子路去跟他们打听渡口在哪里。长沮说："那车上执缰驾车的人是谁？"子路说："是孔丘。"长沮说："是鲁国的孔丘吗？"子路说："是的。"长沮说："孔丘应该知道渡口在哪儿。"桀溺又问子路说："你是谁？"子路说："我是仲由。"桀溺说："那你是孔丘的学生吗？"子路说："是的。"桀溺说："现如今哪儿都是一样的动荡呵，但是又有谁能改变这种局势呢？与其跟着孔子到处奔波，还不如跟着我们在此过隐居生活呢！"一边说一边干手里的农活。子路把他们的话转告给孔子，孔子怅然地说："人不可终日躲在乡村深山之中与鸟兽生活在一起。天下如果清明太平的话，那我也不用奔波劳碌改变这个局面了。"

【原文】

他日，子路行，遇荷蓧丈人，曰："子见夫子乎？"丈人曰："四体不勤，五谷不分，孰为夫子！"植其杖而芸。子路以告，孔子曰："隐者也。"复往，则亡。

【译文】

　　有一天，子路独行赶路，遇上一位扛着锄头的老人。子路问他说："您看见我的老师没？"老人说："你们这些人，平时不劳动，粮食都认不全，谁知道你老师什么样？"只管挂着拐棍去除草。事后子路和孔子提起此事，孔子说："那是一位隐士。"叫子路回去看看，老人已经不在那了。

【原文】

　　　　孔子迁于蔡三岁，吴伐陈。楚救陈，军于城父。闻孔子在陈、蔡之间，楚使人聘孔子。孔子将往拜礼，陈、蔡大夫谋曰："孔子贤者，所刺讥皆中诸侯之疾。今者久留陈、蔡之间，诸大夫所设行皆非仲尼之意。今楚，大国也，来聘孔子。孔子用于楚，则陈、蔡用事大夫危矣。"于是乃相与发徒役围孔子于野。不得行，绝粮，从者病，莫能兴。孔子讲诵弦歌不衰。子路愠见曰："君子亦有穷乎？"孔子曰："君子固穷，小人穷斯滥矣。"

【译文】

　　孔子到蔡国的第三年，吴国侵略陈国。楚国出兵救陈，楚军驻扎城父。听说孔子住在陈、蔡两国的边境上，楚国就派特使去聘请孔子。孔子准备去那行礼受职，陈、蔡两国的大夫就商议说："孔子是位有才德的贤者，凡他所讽刺讥评的，都切中诸侯的要害。目前他在我们陈、蔡两国之间住了这么

子路问路

久，诸位大臣来礼聘孔子，都不符合孔子的主张。现在的楚国，是个强大的国家，却来礼聘孔子。如果孔子被楚国重用的话那我们陈、蔡两国的权臣就危险了。"于是双方都派了人联手把孔子一行人困在荒山野岭中。孔子无法行动，又没粮食吃。随行弟子饿病了，精神萎靡不振。孔子像平时一样讲他的学，朗诵他的书，弹他的琴，唱他的歌。子路非常生气来见孔子说："君子也有这样困窘的时候吗？"孔子说："君子在困窘面前坚守节操，小人则不能遇上点困难，否则什么都做得出来。"

【原文】

子贡色作。孔子曰："赐，尔以予为多学而识之者与？"曰："然。非与？"孔子曰："非也。予一以贯之。"

【译文】

子贡气得脸色都变了。孔子对他说："赐啊，你认为我是博学多识而记忆力又好的人吗？"子贡说："是啊，难道不是吗？"孔子说："不是你想的那样，我不过是掌握了学习的方法，并把这种方法贯穿在我所学的东西中。"

【原文】

孔子知弟子有愠心，乃召子路而问曰："《诗》云：'匪兕匪虎，率彼旷野。'吾道非耶？吾何为于此？"子路曰："意者吾未仁邪？人之不我信也。意者吾未知邪？人之不我行也。"孔子曰："有是乎！由，譬使仁者而必信，安有伯夷、叔齐？使智者而必行，安有王子比干？"

【译文】

孔子知道学生们心里窝火，于是把子路召来问他说："《诗》上说：'不是犀牛也不是老虎，它却在旷野徘徊。'难道是我的主张不对吗？我为什么会被困在这里？"子路说："我想大概是我们道德不够高尚吧？所以人家不信任我们；也可能是我们考虑事情不够周全所以人家不放我们走。"孔子说："这个道理讲得通吗？仲由，假使有仁德的人便能使人信任，那伯夷、叔齐怎么会饿死在首阳山呢！假使足智多谋的人就能畅行天下，那王子比干怎会被纣王剖心呢？"

【原文】

子路出，子贡入见。孔子曰："赐，《诗》云：'匪兕匪虎，率彼旷野。'吾道非邪？吾何为于此？"子贡曰："夫子之道至大也，故天下莫能容夫子。夫子盖少贬焉？"孔子曰："赐，良农能稼而不能为穑，良工能巧而不能为顺。君子能修其道，纲而纪之，统而理之，而不能为容。今尔不修尔道而求为容。赐，而志不远矣！"

【译文】

　　子路出去，子贡来见孔子。孔子说："赐啊！《诗》上说：'不是犀牛也不是老虎，它却在旷野中徘徊。'难道是我的主张不对吗？为什么我会被困在这里呢？"子贡说："就是因为您的政治主张太好了，所以没有哪个诸侯国能接受您的主张。老师您为什么不能稍微降低一下自己的标准呢？"孔子说："赐，好农夫虽然精于农事，却不一定有好收成；好工匠虽然手艺精湛，然而做出的东西未必讨人们的喜欢；君子能够提出自己的政治思想和主张，能按一定办法治理社会，统筹管理国家，但不一定能被当世所接受。现在你不坚信自己的理想却降低自己的标准去迎合当权者，希望他们接受你。赐啊！你的志向不够远大啊！"

【原文】

　　子贡出，颜回入见。孔子曰："回，《诗》云：'匪兕匪虎，率彼旷野。'吾道非耶？吾何为于此？"颜回曰："夫子之道至大，故天下莫能容。虽然，夫子推而行之，不容何病，不容然后见君子！夫道之不修也，是吾丑也。夫道既已大修而不用，是有国者之丑也。不容何病，不容然后见君子！"孔子欣然而笑曰："有是哉颜氏之子！使尔多财，吾为尔宰。"

【译文】

　　子贡出去了，颜回进来见孔子，孔子说："回啊！《诗》上说：'不是犀牛也不是老虎，它却在旷野中徘徊。'难道是我的政治主张不对吗？为什么我会被困在这里呢？"颜回说："就是因为您的政治主张太好了，所以没有哪个诸侯国敢重用您、实施您的政治主张。然而您还是努力推行自己的主张，您的主张不被接受又有什么关系？别人无法接受您的主张不正说明老师是一位不苟合取容的君子！如果我们提不出治国主张，是我们的耻辱；我们已经提出了好的政治主张，却不被当权者采纳，那是当权者的耻辱了。我们的政治主张不被人采纳又有什么关系？别人无法接受我们的主张，恰恰证明我们是不苟合取容的君子呢！"孔子听了欣慰地笑了，说："是这样呀！颜家的子弟！假使你能有很多财富的话，我一定做你的管家！"

【原文】

　　于是使子贡至楚。楚昭王兴师迎孔子，然后得免。

【译文】

于是孔子派子贡到楚国去。楚昭王便派兵接迎孔子，孔子一行人才得以脱险。

【原文】

昭王将以书社地七百里封孔子。楚令尹子西曰："王之使使诸侯有如子贡者乎？"曰："无有。""王之辅相有如颜回者乎？"曰："无有。""王之将率有如子路者乎？"曰："无有。""王之官尹有如宰予者乎？"曰："无有。""且楚之祖封于周，号为子男五十里。今孔丘述三王之法，明周、召之业，王若用之，则楚安得世世堂堂方数千里乎？夫文王在丰，武王在镐，百里之君卒王天下。今孔丘得据土壤，贤弟子为佐，非楚之福也。"昭王乃止。其秋，楚昭王卒于城父。

【译文】

楚昭王想把七百里有户口登记的地封给孔子。楚国的令尹子西劝楚昭王说："大王派到各诸侯国的使臣，有像子贡这样称职的吗？"昭王说："没有。"子西又问："大王身边的权臣有像颜回一样贤能的吗？"昭王说："没有。"子西又问："大王您有像子路那样骁勇善战的将帅吗？"昭王说："没有。"子西再问："那您有像宰予一样能干掌管各部的长吏吗？"昭王也说："没有。"子西接着说："况且我们楚国的祖先在受周天子分封时，封号是子男爵，封地不过五十里。如今孔子讲求三皇五帝的治国方法，极力弘扬周公、召公的德业，如果大王重用孔丘，那么楚国还能世世代代守住这几千里土地吗？想当初文王在丰邑，武王在镐京，他们都是凭借百里的小国称王天下的。现在孔丘如拥有那七百里土地，又有那么多贤能弟子辅佐，势必会威胁楚国江山。"昭王听信了子西的建议，打消了分封孔子的念头。这年秋天，楚昭王死在城父。

蔡子鼎　春秋后期，通高33厘米，宽28.2厘米，口径23厘米，重6.77千克。

【原文】

楚狂接舆歌而过孔子，曰："凤兮凤兮，何德之衰！往者不可谏兮，来者犹可追也！已而已而，今之

从政者殆而！"孔子下，欲与之言，趋而去，弗得与
之言。

【译文】

楚国装疯自隐的贤士接舆，哼着歌从孔子的车旁走过，他唱道："凤呀！凤
呀！你的见解和主张为什么这么让人看不起？虽然无法挽回以往的损失，可
是还可以防患于未然啊！算了！算了！现在当权的都很危险啊！"孔子下了车，
想和他谈谈，接舆却快步走开了，没能跟他说上话。

【原文】

于是孔子自楚反乎卫。是岁也，孔子年六十三，而
鲁哀公六年也。

【译文】

于是孔子从楚国回到卫国。这一年，孔子六十三岁，是鲁哀公六年。

【原文】

其明年，吴与鲁会缯，征百牢。太宰嚭召季康子。
康子使子贡往，然后得已。

【译文】

一年后，吴国和鲁国在缯会盟，吴王要求鲁国为其提供百套供祭祀的牲
畜。吴太宰嚭召见季康子。康子就命子贡和吴谈判，子贡据理力争，吴国才收
回自己的无理请求。

【原文】

孔子曰："鲁、卫之政，兄弟也。"是时，卫君辄
父不得立，在外，诸侯数以为让。而孔子弟子多仕于
卫，卫君欲得孔子为政。子路曰："卫君待子而为政，
子将奚先？"孔子曰："必也正名乎！"子路曰："有是
哉，子之迂也！何其正也？"孔子曰："野哉由也！夫
名不正则言不顺，言不顺则事不成，事不成则礼乐不
兴，礼乐不兴则刑罚不中，刑罚不中则民无所错手足

矣。夫君子为之必可名，言之必可行。君子于其言，无所苟而已矣。"

【译文】

　　孔子说："鲁、卫两国的政权关系，亲如兄弟。"这个时候，卫君出公辄的父亲蒯聩没能继承子嗣，流亡在外，各国诸侯纷纷指责此事。孔子有不少学生都在卫国做官，卫君辄也请孔子帮他掌管朝政。子路就问孔子说："卫君想要您去帮他掌管朝政，您打算从哪方面入手呢？"孔子说："一定要先正名分！"子路说："有这回事吗？老师太迂腐、不切实际了！有什么好正的？"孔子说："粗野啊，仲由！要知道名分不正，说出来的话就缺乏条理；说话条理不清，政事就无法推行；政事无法推行，礼乐教化就不能兴盛；礼乐不兴盛，就无法制定相应的刑罚；刑罚不适中，那老百姓就会手足无措。所以君子办事必须中规中矩，说话必须切实可行。君子应对他的言行负责，丝毫不得马虎。"

龙耳簋　春秋后期。通高33.9厘米，宽43厘米，口径23.1厘米，重11.45千克。

【原文】

　　其明年，冉有为季氏将师，与齐战于郎，克之。季康子曰："子之于军旅，学之乎？性之乎？"冉有曰："学之于孔子。"季康子曰："孔子何如人哉？"对曰："用之有名，播之百姓，质诸鬼神而无憾。求之至于此道，虽累千社，夫子不利也。"康子曰："我欲召之，可乎？"对曰："欲召之，则毋以小人固之，则可矣。"而卫孔文子将攻太叔，问策于仲尼。仲尼辞不知，退而命载而行，曰："鸟能择木，木岂能择鸟乎！"文子固止。会季康子逐公华、公宾、公林，以币迎孔子，孔子归鲁。

【译文】

　　一年后，冉有指挥季氏的军队，和齐国在郎邑交战，大获全胜。季康对冉有说："先生的指挥才能，是学来的呢！还是与生俱来的呢？"冉有说："是从我老师孔子学的。"季康子说："孔子究竟是怎样一个人呢？"冉有回答说："孔子办事符合名分，不论在百姓中流传，还是于鬼神面前对质，都无可指责。我按照老师的这种原则处理事情，即使有二千五百户的封赏，老师也不会不动心。"康子说："我想请他回来，可以吗？"冉有回答说："如果真想请我师傅来帮您，必须摒弃阻挠他参政的小人，他会来的。"这时卫国的孔文子想攻打卫文公的后人太叔，向孔子问计策。孔子谎称自己对兴兵打仗一无所知，出门就招呼车起身。说道："只有鸟选择栖身的树林，哪有林子选鸟的道理呢！"孔文子再三挽留他，正好季康子赶走了公华、公宾、公林，带着礼物来迎接孔子，孔子就跟使者回到了鲁国。

【原文】

孔子之去鲁凡十四岁而反乎鲁。

【译文】

孔子离开鲁国，历经十四年才重返故土。

【原文】

鲁哀公问政，对曰："政在选臣。"季康子问政，曰："举直错诸枉，则枉者直。"康子患盗，孔子曰："苟子之不欲，虽赏之不窃。"然鲁终不能用孔子，孔子亦不求仕。

【译文】

鲁哀公向孔子讨教治国之道，孔子回答说："想治理好国家就要选择好大臣。"季康子也向孔子讨教治国之道，孔子说："选拔、任用正直的人，废弃邪曲的人，这样就能使奸佞小人变成正人君子。"季康担心国内盗满为患，孔子说："如果能消除他们贪婪的欲望，就是鼓励他去偷窃，他也不会偷。"然而鲁国最终没能任用孔子，而孔子也不去追求官位。

【原文】

孔子之时，周室微有礼乐废，《诗》、《书》缺。追迹三代之礼，序《书》传，上纪唐、虞之际，下至秦穆，编次其事，曰："夏礼吾能言之，杞不足征也。殷礼吾能言之，宋不足征也。足，则吾能征之矣。"观殷、夏所损益，曰："后虽百世可知也，以一文一质。周监二代，郁郁乎文哉。吾从周。"故《书传》、《礼》记自孔氏。

【译文】

孔子生活的那个年代，周朝王室衰微，礼乐散失殆尽。《诗》、《书》典籍残缺不全。于是孔子查找夏、商、周三代有据可循的礼制遗规，给《书》作传，上起唐尧、虞舜年间，下到秦穆公止，按顺序编辑其间史实。他说：夏代的礼制，我还能略知一二，只是夏的后代杞国没有留下能充分证实这些制度的文献；殷代的礼制，我能说出个大概来，遗憾的是殷的后代宋国没有留下能充分证实这些制度的文献。要是杞、宋两国能保存下充足的文献的话，我就有更充分的把握能证实这些制度了。"孔子考察完殷、夏以来礼制增损的情况，说道："这些制度虽说是百世以前的，还是可以发现他的增减情况。周王朝借鉴夏、殷两代的制度，周的礼制是多么丰富多彩呀！我赞成周朝的制度。"所以《书传》、《礼记》是孔子整理出来的。

【原文】

孔子语鲁大师："乐其可知也。始作翕如，纵之纯如，皦如，绎如也，以成。""吾自卫反鲁，然后乐正，《雅》、《颂》各得其所。"

【译文】

孔子对鲁国的乐官太师说："乐理是有规律可循，能被人理解、掌握的。刚开始的时候，要协调五音，接下来是和谐节奏、乐声要清晰，紧凑连续不断，这样一部曲子才算完成。"又说，"我从卫国回到鲁国之后，才考订修复残缺的诗乐，使《雅》、《颂》恢复它们的本来面目。"

鲁大司徒铺 春秋后期。通高28.6厘米，宽25.2厘米，重7.24千克。出土于山东曲阜林前村。

【原文】

古者《诗》三千余篇，及至孔子，去其重，取可施于礼义，上采契、后稷，中述殷、周之盛，至幽、厉之缺，始于衽席，故曰"《关雎》之乱以为《风》始，《鹿鸣》为《小雅》始，《文王》为《大雅》始，《清庙》为《颂》始"。三百五篇孔子皆弦歌之，以求合《韶》、《武》、《雅》、《颂》之音。礼乐自此可得而述，以备王道，成六艺。

【译文】

　　古代留传下来的《诗》有三千多篇，流传到孔子，孔子删去重复的部分，选取可以用于礼义教化的部分。所取诗篇，上采商族始祖契、周族始祖后稷的史迹，中述商、周的兴盛，下到周幽王、周厉王时政治制度的破坏，而一切都要以男女之间的爱情为起点，所以说："《关雎》是《国风》的始篇；《鹿鸣》是《小雅》的始篇；《文王》是《大雅》的始篇；《清庙》是《颂》的始篇。"孔子把三百零五篇诗都配乐谱曲，让它们合乎古代《韶》乐、《武》乐以及朝廷《雅》乐、庙堂《颂》乐的音律。先王的礼乐制度，到此才逐渐恢复原貌而有可称述。王道完备了，六艺也修编好了。"

【原文】

　　　　孔子晚而喜《易》，序《彖》、《系》、《象》、《说卦》、《文言》。读《易》，韦编三绝，曰："假我数年，若是，我于《易》则彬彬矣。"

【译文】

　　孔子晚年对《易》学很感兴趣，并为《彖辞》、《系辞》、《象辞》、《说卦》、《文言》等篇作序。他读《易》爱不释手，以致把编书简的皮绳都弄断了好几回。孔子还说："如果我能再多活几年，像那样，我对《易》学就可以说能文质兼备，了如指掌了。

【原文】

　　　　孔子以《诗》、《书》、《礼》、《乐》教，弟子盖三千焉，身通六艺者七十有二人。如颜浊邹之徒，颇受业者甚众。

　　　　孔子以四教：文，行，忠，信。绝四：毋意，毋必，毋固，毋我。所慎：齐，战，疾。子罕言利与命与仁。不愤不启，举一隅不以三隅反，则弗复也。

【译文】

　　孔子用《诗》、《书》、《礼》、《乐》做教材来教学生，他的门徒大约有三千人，而精通六艺的有七十二人。像颜浊邹这样深得孔子授业却没有正式拜孔子为师的，大有人在。

孔子教育学生注重四方面主要问题，学识、言行、忠诚、信心。严格推行四种禁律：不揣测、不武断、不固执、不自以为是。他认为应该谨慎处理的是：斋戒、战争、疾病。孔子很少把私利与天命、仁德联系在一起讲述。孔子教人，除非那人实在弄不懂而烦闷发急，孔子绝不启发开导他，对于所学的知识不能举一反三，就不讲新课。

【原文】

其于乡党，恂恂似不能言者。其于宗庙朝廷，辩辩言，唯谨尔。朝，与上大夫言，　訚訚如也；与下大夫言，侃侃如也。

【译文】

孔子在自己老家，谦恭得像个不善言辞的人。他在祭祀宗庙和议论朝政时，却很善于明辨，对答如流，却又恭谨小心，非常有分寸。在朝中与上大夫交谈，喜颜悦色又敢于说实话。与下大夫交谈，就显得更轻松愉快了。

叔联簠　春秋后期，通高10.3厘米，宽30厘米，重3.72千克。

【原文】

入公门，鞠躬如也；趋进，翼如也。君召使傧，色勃如也。君命召，不俟驾行矣。

【译文】

孔子进国君的宫门时，低头弯腰以示恭敬；然后快步急行，小心翼翼又不失礼。国君命他接待宾客，他神情庄重，一丝不苟。国君下令召见他，他等不及准备好车马就尽快出发前往。

【原文】

鱼馁，肉败，割不正，不食。席不正，不坐。食于有丧者之侧，未尝饱也。

【译文】

不新鲜的鱼，变质的肉，或者没按规矩切割的食物孔子都不吃。他从不参加主客无序的宴席。和守丧的人一起吃饭，从没吃饱过的。

【原文】

是日哭，则不歌。见齐衰、瞽者，虽童子必变。

【译文】

如果当日哭过，就不唱歌。见到穿麻带孝的人、瞎子，即使是个小孩子，也一定会面露怜悯之情。

【原文】

"三人行，必得我师。""德之不修，学之不讲，闻义不能徙，不善不能改，是吾忧也。"使人歌，善，则使复之，然后和之。

子贡

【译文】

孔子说："三人同行，其中一定有能做我老师的人。"又说："不注意修养自己的德行，不深入研究学问，听到应该做的正义事情不去学习，存在错误和缺点却不愿改正，这些都是忧虑的。"孔子听人唱歌，要是唱得好，就请人再唱，然后自己跟着学唱。

【原文】

子不语：怪、力、乱、神。

【译文】

孔子不谈论有关怪异、暴力、不合常理及及鬼神方面的事。

【原文】

子贡曰："夫子之文章，可得闻也。夫子言天道与性命，弗可得闻也已。"颜渊喟然叹曰："仰之弥高，钻之弥坚。瞻之在前，忽焉在后。夫子循循然善诱人，博我以文，约我以礼，欲罢不能。既竭我才，如有所立，卓尔。虽欲从之，蔑由也已。"达巷党人童子曰："大哉孔子，博学而无所成名。"子闻之曰："我何执？执御乎？执射乎？我执御矣。"牢曰："子云'不试，故艺'。"

【译文】

子贡说："我们深知老师您颇具文采，立说著书成绩卓著，可是从没听您谈论天道与人生命运的微妙关系。"颜渊赞叹地说："老师的学问，你越仰慕，越觉得它崇高无比！越是钻研探究，越觉得它有底蕴，经得起推敲！看上去仿佛在前面，忽然间又在后面了。老师善于有条理有步骤地教导人：用史实经典文献丰富我的知识，用礼仪道德来规范我的言行，不由得我不学。我竭尽所能，似乎才学得一知半解，而老师的学识远远超过我。我很想赶上他，可总是不能达到老师教导的境界啊！"达巷的人说："孔子真是伟大啊！他博学多才，却不专修哪一门学问。"孔子听了这话说道："我单学什么呢！只学驾车，还是只学射箭？我看是只学驾车罢！"牢说："老师说过'因为得不到重用，所以才有闲功夫多学些技艺'。"

【原文】

　　鲁哀公十四年春，狩大野。叔孙氏车子钼商获兽，以为不祥。仲尼视之，曰："麟也。"取之。曰："河不出图，雒不出书，吾已矣夫！"颜渊死，孔子曰："天丧予！"及西狩见麟，曰："吾道穷矣！"喟然叹曰："莫知我夫！"子贡曰："何为莫知子？"子曰："不怨天，不尤人，下学而上达，知我者其天乎！"

【译文】

　　鲁哀公十四年的春天里，在大野打猎。叔孙氏的车夫钼商捕到一只怪兽，他们认为是不祥之兆。孔子看了说："这是一只麒麟。"于是他们就把它拉走了。孔子说："黄河上再也看不见背着八卦图的神龙了，洛水中再也见不着背着洛书的神龟了。我也就快完啦！"颜渊死了，孔子伤心地说："是老天要我死啊！"等他见了在曲阜西边猎获的麒麟，说道："我的理和主张再也实现不了了！"孔子很感慨地说："没人能了解我了！"子贡说："怎么没有人能了解老师呢？"孔子说："我抱怨天，也不怪罪人；下学人事，上达天理，能理解我的，只有上天了啊！"

【原文】

　　"不降其志，不辱其身，伯夷、叔齐乎！"谓"柳下惠、少连降志辱身矣"。谓"虞仲、夷逸隐居放言，行中清，废中权"。"我则异于是，无可无不可"。

【译文】

孔子说:"不降低自己的理想,尊重自己,伯夷、叔齐就是这种人啊!"又说:"柳下惠、少连降低志向,贬低了自己的人格。"又说:"虞仲、夷逸隐居山林,想说什么就说什么,敢作敢为,品行清高纯洁,顺应形势,不求功名利禄。"又说:"我的做法与他们恰恰相反,没有什么绝对的可以和不可以。"

【原文】

子曰:"弗乎弗乎,君子病没世而名不称焉。吾道不行矣,吾何以自见于后世哉?"乃因史记作《春秋》,上至隐公,下讫哀公十四年,十二公。据鲁,亲周,故殷,运之三代。约其文辞而指博。故吴、楚之君自称王,而《春秋》贬之曰"子";践土之会实召周天子,而《春秋》讳之曰"天王狩于河阳"。推此类以绳当世。贬损之义,后有王者举而开之。《春秋》之义行,则天下乱臣贼子惧焉。

【译文】

孔子说:"不成,不成!君子最遗憾的就是死后不能流芳百世。我的主张无法推行,我靠什么让后人铭记我呢?"于是根据鲁国的史记作了《春秋》一书:上起鲁隐公元年,下至鲁哀公十四年,囊括了十二位国君的历史。以记载鲁国历史为主,尊奉周王室为正统,因为周礼借鉴了殷朝旧制,并且继承了三代法统。语言简单明了而内容广泛,寓意深刻。所以吴、楚国君自称为王的,《春秋》就依据当初周王册封他们的等级,称他为"子"爵;践土会盟,实际上是晋侯召周天子,《春秋》则谎称"周天子去河阳打猎"。孔子列举这类事件,就为了矫正当世名分不符的行为。这种贬抑责备的大义,后代如有英明的君王加以倡导推广,使《春秋》的主旨能被世人接受,那窃位盗名的乱臣贼子都会感到恐惧。

狩猎纹豆 春秋后期。通高21.4厘米,宽18.5厘米,重2.22千克。

【原文】

孔子在位听讼,文辞有可与人共者,弗独有也。至于为《春秋》,笔则笔,削则削,子夏之徒不能赞一辞。

弟子受《春秋》，孔子曰："后世知丘者以《春秋》，而罪丘者亦以《春秋》。"

【译文】

孔子过去任官审案时，文辞上如有需要与人商量斟酌的地方，他从不独断专行。可他写《春秋》时，认为该记录的就振笔直录，该删除的就毅然删掉，就连子夏这样文采昭著的学生都插不上手。弟子们听《春秋》课时，孔子说："后人认识我孔丘只能通过这部《春秋》，而后人指责我孔丘也是因为这部《春秋》。"

【原文】

明岁，子路死于卫。孔子病，子贡请见。孔子方负杖逍遥于门，曰："赐，汝来何其晚也？"孔子因叹，歌曰："太山坏乎！梁柱摧乎！哲人萎乎！"因以涕下。谓子贡曰："天下无道久矣，莫能宗予。夏人殡于东阶，周人于西阶，殷人两柱间。昨暮予梦坐奠两柱之间，予始殷人也。"后七日卒。

【译文】

第二年，子路死在卫国。孔子病了，子贡去看望孔子。孔子正拄着手杖在门口散步，见到子路就说："赐啊！你怎么现在才来啊？"孔子随即叹了口气，歌道："泰山就要塌了！梁柱就要折了！我也将不久于人世！"说着竟流泪了。稍后对子贡说："天下失去常道已经很久了，没有哪个君主愿意采纳我的政治主张治国。夏人说死后是把棺木放在东台阶上，周人是在西阶，殷人则在厅堂两柱之间。昨天夜里我梦见自己坐在两柱之间，可见我的祖先是殷人！"七天后，孔子逝世。

【原文】

孔子年七十三，以鲁哀公十六年四月己丑卒。

【译文】

孔子享年七十三岁，死于鲁哀公十六年四月己丑日。

　　　　哀公诔之曰："旻天不吊，不慭遗一老，俾屏余一人以在位，茕茕余在疚。呜呼哀哉！尼父，毋自律！"子贡曰："君其不没于鲁乎！夫子之言曰：'礼失则昏，名失则愆。失志为昏，失所为愆。'生不能用，死而诔之，非礼也。称'余一人'，非名也。"

　　鲁哀公写给孔子的悼辞说："上天太不公平啦，不肯留下这位老人，让我一人在位，我一个人孤苦无助深感内疚。唉，你的死真让我痛心啊！尼父，我不由自主地为你难过！"子贡批评道："鲁公难道不能终老于鲁国吗？老师曾说过：'丧失礼法了就会混乱，丧失名分就会产生过失。一个人不能控制自己的情绪便是昏乱，做了不该做的事就会犯错误。'我老师在世时你不能用他，他不在了你却悼念他，这是不合礼的。而且诸侯自称'寡人'，是不合名分的。"

蟠虺纹罐　春秋后期。通高32.5厘米，口径24.6厘米，重7.08千克。

　　　　孔子葬鲁城北泗上，弟子皆服三年。三年心丧毕，相诀而去，则哭，各复尽哀；或复留。惟子赣庐于冢上，凡六年，然后去。弟子及鲁人往从冢而家者百有余室，因命曰孔里。鲁世世相传以岁时奉祠孔子冢，而诸儒亦讲礼乡饮大射于孔子冢。孔子冢大一顷。故所居党、弟子内，后世因庙藏孔子衣冠琴车书，至于汉二百余年不绝。高皇帝过鲁，以太牢祠焉。诸侯卿相至，常先谒然后从政。

　　孔子死后葬在鲁城北面的泗水边上。弟子们都为老师守了三年丧。三年守孝期满，弟子们彼此辞行，相对而泣，大家还沉浸在对孔子的悼念中；有的就又留了下来。子赣甚至在墓旁盖了间房，为孔子守了六年墓才离开。孔子的学生以及鲁国的其他人，相继到墓旁定居的有一百多家，因而管那个地方叫"孔里"。鲁国世代相传每年都定时到孔子墓前祭拜，而研习儒术的人讲习礼仪，举行乡试结业的饮酒礼，鲁君祭祀时的比射仪式，也都在孔子墓场举行。孔子的墓地有一顷大。孔子故居的堂屋以及弟子所住的内室，后来就成圣庙，收藏了孔子生前的衣服、帽子、琴、车、书籍，直到汉朝，二百多年来都没有废弃。高皇帝刘邦路过鲁地，用太牢之礼祭拜孔子。诸侯卿相上任，通常是祭拜过孔庙后才正式就职。

【原文】

孔子生鲤，字伯鱼。伯鱼年五十，先孔子死。

【译文】

孔子的儿子鲤，字伯鱼。伯鱼享年五十岁，在孔子之前过世。

【原文】

伯鱼生伋，字子思，年六十二。尝困于宋。子思作
《中庸》。

【译文】

伯鱼的儿子名伋，字子思，享年六十二岁。曾经被困在宋国。子思著有
《中庸》。

【原文】

子思生白，字子上，年四十七。子上生求，字子家，
年四十五。子家生箕，字子京，年四十六。子京生穿，
字子高，年五十一。子高生子慎，年五十七，尝为魏相。

【译文】

子思之子孔白，字子上，享年四十七岁。子上生了求，字子家，享年四十五岁。子家生了箕，字子京，享年四十六岁。子京生了穿，字子高，享年五十一岁。子高生了子慎，享年五十七岁，子慎曾做过魏国宰相。

【原文】

子慎生鲋，年五十七，为陈王涉博士，死于陈下。

【译文】

子慎生了鲋，享年五十七岁。做过陈胜的博士，死在陈县。

【原文】

鲋弟子襄，年五十七。尝为孝惠皇帝博士，迁为长沙太守。长九尺六寸。

【译文】

鲋的弟弟子襄，享年五十七岁。做过汉孝惠皇帝的博士，后来又被提升为长沙太守，身高九尺六寸。

【原文】

子襄生忠，年五十七。忠生武，武生延年及安国。安国为今皇帝博士，至临淮太守，蚤卒。安国生卬，卬生驩。

【译文】

子襄生了忠，享年五十七岁。忠生了武，武生了延年和安国。安国做了孝武皇帝的博士，又被提升为临淮郡太守，英年早逝。安国生了卬，卬生了驩。

【原文】

太史公曰：《诗》有之："高山仰止，景行行止。"虽不能至，然心乡往之。余读孔氏书，想见其为人。适鲁，观仲尼庙堂车服礼器，诸生以时习礼其家，余祗回留之不能去云。天下君王至于贤人众矣，当时则荣，没则已焉。孔子布衣，传十余世，学者宗之。自天子王侯，中国言《六艺》者折中于夫子，可谓至圣矣！

【译文】

太史公说：《诗》上有这么句话："像高山一样让人肃然起敬，像大道一般让人遵循。"虽然我不能亲眼目睹孔子的风采，但一直向往着他。我读了孔子的著作，能想象出他是怎样一个人。去山东的时

孔　子

候，参观了孔子庙，看到他用过的车、服、祭祀用的物品；目睹了儒生们按时演习礼仪的情景。我怀着敬意对孔庙依依不舍。自古以来，天下贤明的君主圣人实在够多了，他们生前都很荣耀，死后便烟消云散了。孔子不过是一介平民，然而他的学说、威名流传了十几代，学者们仍然推崇他。从天子王侯以下，凡是中国研讨六经道艺的人，都把孔夫子的话当作最高的准则，孔子真称得上是一位至高无尚的圣人了！

陈涉世家

【原文】

　　陈胜者，阳城人也，字涉。吴广者，阳夏人也，字叔。陈涉少时，尝与人佣耕，辍耕之垄上，怅恨久之，曰："苟富贵，无相忘。"庸者笑而应曰："若为庸耕，何富贵也？"陈涉太息曰："嗟乎，燕雀安知鸿鹄之志哉！"

【译文】

　陈胜，阳城人，字涉。吴广，阳夏人，字叔。陈涉年轻时，曾经给别人家打工，给雇主耕田种地，间休时坐在田埂上长吁短叹，非常不满意自己的处境。陈胜说道："如果将来谁富贵了，都别忘了这帮人。"一起干活的雇工笑着对他说："你不过是个受雇为别人耕种田地的人，有什么富贵可言？"陈涉叹息着说："唉！燕雀之类小鸟，哪里能知道鸿鹄的志向啊！"

【原文】

　　二世元年七月，发闾左適戍渔阳，九百人屯大泽乡。陈胜、吴广皆次当行，为屯长。会天大雨，道不通，度已失期。失期，法皆斩。陈胜、吴广乃谋曰："今亡亦死，举大计亦死，等死，死国可乎？"陈胜曰："天下苦秦久矣。吾闻二世，少子也，不当立，当立者乃公子扶苏。扶苏以数谏故，上使外将兵。今或闻无罪，二世杀之。百姓多闻其贤，未知其死也。项燕为楚将，数有

功，爱士卒，楚人怜之。或以为死，或以为亡。今诚
以吾众诈自称公子扶苏、项燕，为天下唱，宜多应者。"
吴广以为然。乃行卜。卜者知其指意，曰"足下事皆
成，有功。然足下卜之鬼乎！"陈胜、吴广喜，念鬼，
曰："此教我先威众耳。"乃丹书帛曰："陈胜王"，置
人所罾鱼腹中。卒买鱼烹食，得鱼腹中书，固以怪之
矣。又间令吴广之次所旁丛祠中，夜篝火，狐鸣呼曰
"大楚兴，陈胜王"。卒皆夜惊恐。旦日，卒中往往语，
皆指目陈胜。

【译文】

秦二世元年七月，征发贫民百姓去驻守渔阳边境，这九百贫民
中途在大泽乡歇脚。陈胜、吴广两人在这九百人里担任屯队的队
长。正赶上天降大雨，道路不通；他们估计已误了报到期限。
误了期限，按照秦朝法律规定，是都该杀头的。于是陈胜、
吴广商量说："如今逃走也是死，起义也是死，同样是死，不
如做番大事业轰轰烈烈地去死？"陈胜说："天下人长期以来
饱受秦朝暴政的摧残。我听说二世皇帝是始皇帝的小儿子，不
应当继位；应当继位的是公子扶苏。扶苏因为屡次劝谏，始皇
帝就把他安排在边境带兵驻防。现在有传闻说他无罪，而二世
皇帝把他杀害了；百姓们都听说扶苏贤能，却不晓得他已经死了。
项燕原是楚国的将军，战功显赫，爱护士兵，楚人都爱戴他；有的认为他死了，有
的却说他是逃走躲起来了。现在要是我们打着公子扶苏和项燕的旗号，为天下起
义军的带头人，起来响应的人该不会少。"吴广赞同陈胜的观点。于是就去问卜，
卜卦的人看出了他们的意图，说道："先生的事都能达成，可以建立功业；然而先
生向鬼神问过吉凶吗？"陈胜、吴广听了很高兴，回去以后考虑行鬼神的事，说道：
"他是教我们先借鬼神的名义在众人中取得威望。"于是用帛写上"陈胜王"三个
红字，暗中放进刚捞起来的鱼肚里。戍卒买鱼回来烹食，发现了鱼肚子里的字条，
大吃一惊。驻地附近有片树林陈胜又偷偷叫吴广到林子里的神祠去，夜间点起
火堆，模仿狐狸的声音，叫着说："大楚兴，陈胜王。"戍卒们夜里听见叫声，
看到林子里燃起的火堆，都惊恐不安。第二天，戍卒彼此谈论这些奇异的事情，
暗地里都指点着、注视着陈胜。

【原文】

　　吴广素爱人，士卒多为用者。将尉醉，广故数言欲亡，忿恚尉，令辱之，以激怒其众，尉果笞广。尉剑挺，广起，夺而杀尉。陈胜佐之，并杀两尉。召令徒属曰："公等遇雨，皆已失期，失期当斩。藉弟令毋斩，而戍死者固十六七。且壮士不死即已，死即举大名耳，王侯将相宁有种乎！"徒属皆曰："敬受命。"乃诈称公子扶苏、项燕，从民欲也。袒右，称大楚。为坛而盟，祭以尉首。陈胜自立为将军，吴广为都尉。攻大泽乡，收而攻蕲。蕲下，乃令符离人葛婴将兵徇蕲以东。攻铚、酂、苦、柘、谯，皆下之。行收兵，比至陈，车六七百乘，骑千余，卒数万人。攻陈，陈守令皆不在，独守丞与战谯门中。弗胜，守丞死，乃入据陈。数日，号令召三老、豪杰与皆来会计事。三老、豪杰皆曰："将军身被坚执锐，伐无道，诛暴秦，复立楚国之社稷，功宜为王。"陈涉乃立为王，号为"张楚"。

【译文】

　　吴广向来爱护士兵，戍卒们大都愿意听从他派遣。官府派来领队的营尉喝醉了，吴广故意多次扬言要逃跑，想借此激怒营尉，让营尉当着大伙的面羞辱自己，来激起大家的愤怒。营尉果然发怒鞭打吴广，当营尉拔剑之际，吴广奋起，顺势夺过剑把营尉杀了。陈胜也跑过去帮忙，他二人合力杀死两个营尉。陈、吴二人事后随即招集属下人说："各位被大雨耽误了报到的时间，误期应当杀头，就算他们不杀我们，戍边而死的人本来就有十分之七。况且大丈夫不死则已，要死就得建立大功名，王侯将相难道都是天生的吗！"下属都异口同声地说："愿意听从您派遣。"于是就假冒公子扶苏和楚将项燕举行起义，这是为了顺应人民的愿望。大家都露起右臂作为起义标志，定国号为"大楚"。建起高坛宣誓，用营尉的头祭告天地。陈胜自立为将军，吴广为都尉。首先攻下大泽乡，接着进攻蕲县。攻下蕲县后，就派符离人葛婴率兵去攻取蕲县以东地区。一连进攻铚、酂、苦、柘、谯等地，都攻

下了。他们一边作战一边招收兵马，等到达陈县时，已有六七百辆车子，一千多骑兵，几万步兵。围攻陈县城时，正好郡守和县令都不在，只有留守的郡丞在谯门中抵抗，抵挡不住起义军的进攻，郡丞也死了，于是义军就占领了陈县。过了几天，陈胜下令当地的长老和地方豪绅都来开会议事，与会的人都表示说："将军你身披铠甲，手执兵器，讨伐无道的昏君，铲除暴秦，重建楚国，论功应该做王。"于是陈涉就自立为王，国号叫"张楚"。

【原文】

　　　　当此时，诸郡县苦秦吏者，皆刑其长吏，杀之以应陈涉。乃以吴叔为假王，监诸将以西击荥阳。令陈人武臣、张耳、陈馀徇赵地，令汝阴人邓宗徇九江郡。当此时，楚兵数千人为聚者，不可胜数。

　　　　葛婴至东城，立襄强为楚王。婴后闻陈王已立，因杀襄强，还报。至陈，陈王诛杀葛婴。陈王令魏人周市北徇魏地。吴广围荥阳。李由为三川守，守荥阳，吴叔弗能下。陈王征国之豪杰与计，以上蔡入房君蔡赐为上柱国。

【译文】

　　在这个时候，各个郡县被秦朝官吏欺压的平民，都整治主管他们的官吏，把他们杀了来响应陈涉起义。于是陈胜就任命吴叔（即吴广）为代理王，督率各将领向西进攻荥阳，命令陈人武臣、张耳、陈馀等人，向赵地发起进攻，命令汝阴人邓宗去讨伐九江郡。这个时候，楚地义军几千人聚集在一起的，数不胜数。

　　葛婴到了东城，立了襄强为楚王。不久葛婴听说陈胜已自立为王，就杀了襄强去向陈胜请功。等他回到了陈，陈胜就把葛婴杀了。陈胜又命令魏人周市北上去攻取魏地。吴广率兵围攻荥阳，李由担任三川郡守，驻守荥阳，吴广没能攻取荥阳。于是陈王征召国内的豪杰商量对策，任命上蔡人房君蔡赐为上柱国。

【原文】

　　　　周文，陈之贤人也，尝为项燕军视日，事春申君，自言习兵，陈王与之将军印，西击秦。行收兵至关，车

千乘，卒数十万，至戏，军焉。秦令少府章邯免郦山徒、
人奴产子生，悉发以击楚大军，尽败之。周文败，走出
关，止次曹阳二三月。章邯追败之，复走次渑池十余日。
章邯击，大破之。周文自刭，军遂不战。

【译文】

　　周文，是陈县的有识之士，曾经在项燕军中做过占卜望日官，他还在春
申君的属下做过事。他自称精通兵法，陈王就授给他将军印，要他带兵西去
攻秦。他边走边招集兵马，到了函谷关，他已有一千辆车子，几十万士兵。大
军中途在戏亭休息。秦朝派少府章邯赦免骊山服役的刑徒、以及家奴所生的
儿子，把这些人调集在一起对付张楚大军，把楚军全给打败了。周文退到关
外，在曹阳驻了两三个月，章邯追来再次打败了他。周文逃到渑池，驻守十几
天，章邯又来追击，把他打得落花流水。周文自杀，他手下的兵不战自败。

【原文】

　　　　武臣到邯郸，自立为赵王，陈馀为大将军，张耳、
召骚为左右丞相。陈王怒，捕系武臣等家室，欲诛之。
柱国曰：“秦未亡而诛赵王将相家属，此生一秦也。不
如因而立之。”陈王乃遣使者贺赵，而徙系武臣等家属
宫中，而封耳子张敖为成都君，趣赵兵亟入关。赵王将
相相与谋曰：“王王赵，非楚意也。楚已诛秦，必加兵
于赵。计莫如毋西兵，使使北徇燕地以自广也。赵南据
大河，北有燕、代，楚虽胜秦，不敢制赵。若楚
不胜秦，必重赵。赵乘秦之弊，可以得志于天
下。”赵王以为然，因不西兵，而遣故上谷卒史
韩广将兵北徇燕地。

【译文】

　　武臣到了邯郸，就自立为赵王，陈馀任大将军，张耳任
左丞相、召骚任右丞相。陈王得知此事，十分恼火，就把武
臣等人的家属囚禁起来，准备把他们杀了。柱国蔡赐劝阻陈
王说：“秦国还没有灭亡，就杀了武臣等人的家属，这样就
相当于我们又多了个敌人，不如就势封他为王。”陈王就派

史
记
·
世
家

矛　秦代兵器，长15.4厘
米，叶长10.7厘米，宽3.2
厘米，骹长4.7厘米，口径
2.3～2.9厘米。现藏秦始皇
陵兵马俑博物馆。

了使者到赵国去祝贺，而把武臣等人的家属软禁在宫中，同时封张耳的儿子张敖做成都君，要他催促赵军迅速进军函谷关。赵王和将相们商议，将相们说："楚国并不愿意让您在赵称王。等楚国灭了秦，必然要来对付咱们。最好的办法莫过于不向西进军，派人北上侵略燕地，扩展我们自己的领土。这样，赵国南面有黄河作屏障，北边又有燕、代的广大地区，楚国即使打秦国，也不敢来压制赵国；如果打不过秦国，那一定要倚重赵国。到时候，赵国就能在秦、楚俱疲之时坐收渔人之利，称霸天下。"赵王认为有道理，不再派兵西进，反而派了从前燕国上谷的卒史韩广，带兵北上去攻占燕国的旧地。

【原文】

　　　　燕故贵人豪杰谓韩广曰："楚已立王，赵又已立王。燕虽小，亦万乘之国也，愿将军立为燕王。"韩广曰："广母在赵，不可。"燕人曰："赵方西忧秦，南忧楚，其力不能禁我。且以楚之强，不敢害赵王将相之家，赵独安敢害将军之家！"韩广以为然，乃自立为燕王。居数月，赵奉燕王母及家属归之燕。

　　　　当此之时，诸将之徇地者，不可胜数。周市北徇地至狄，狄人田儋杀狄令，自立为齐王，以齐反，击周市。市军散，还至魏地，欲立魏后故宁陵君咎为魏王。时咎在陈王所，不得之魏。魏地已定，欲相与立周市为魏王，周市不肯。使者五反，陈王乃立宁陵君咎为魏王，遣之国。周市卒为相。

【译文】

　　昔日燕国的权贵劝韩广说："楚国已经立陈胜为王。如今武臣又在赵称王。燕虽然不大，可也是拥有万辆兵车的强国，希望将军自立做燕王。"韩广说："我的母亲还在赵国，不能这么做。"燕人说："赵王西面有强秦为敌，南面又有楚国为患，他没有力量来阻止我们。况且凭楚国那样强大，尚不加害赵王将相的家属，赵王又怎么敢加害将军的家属呢？"韩广认为他们的话有道理，就自立为燕王。过了几个月，赵王派人护送燕王的母亲和家属回到燕国。

　　在这个时候，到各地攻城掠地的将领，数不胜数。周市北上攻到狄县，狄人田儋杀了狄县县令，自立为齐王，凭借齐地兵力与周市对抗，周市军队被打得七零八落，退回到魏地，想立魏王的后人宁陵君咎为魏王。当时咎正在陈王那里，没办法来魏。魏地平定之后，许多人都想拥立周市为魏王，周市不肯。使者在周市和陈王那里来回跑了五趟，陈王才立宁陵君做魏王，派他回到魏国去，周市最后做了魏国的丞相。

【原文】

　　将军田臧等相与谋曰："周章军已破矣，秦兵旦暮至，我围荥阳城弗能下，秦军至，必大败。不如少遗兵，足以守荥阳，悉精兵迎秦军。今假王骄，不知兵权，不可与计，非诛之，事恐败。"因相与矫王令以诛吴叔，献其首于陈王。陈王使使赐田臧楚令尹印，使为上将。田臧乃使诸将李归等守荥阳城，自以精兵西迎秦军于敖仓。与战，田臧死，军破。章邯进兵击李归等荥阳下，破之，李归等死。

　　阳城人邓说将兵居郏，章邯别将击破之，邓说军散走陈。铚人伍徐将兵居许，章邯击破之，伍徐军皆散走陈。陈王诛邓说。

【译文】

　　将军田臧等商量说："周章的军队已彻底被打败，秦兵早晚要向我们进攻，我们围攻荥阳城，久攻不下，秦兵一到，一定会打败我们。不如抽调少量部队，足以包围荥阳，调集其余精锐部队迎击秦军。现在假王很骄又不懂兵法，不杀了他，我

太保戈　西周早期。通长23.8厘米长，援宽4厘米，内宽2.8厘米。援修长而微曲，援上有脊，中有二穿，内较长。

们的计划恐怕会失败。"于是就假造了陈王的命令杀了吴广，把吴广的头献给陈王，陈王就派了使者颁给田臧"楚令尹"的大印，任命他为上将军。田臧就派部将李归等人镇守荥阳城，自己带精锐部队西进到敖仓，迎战秦军。双方交战，田臧战死，楚军四散奔逃。于是章邯带兵攻打李归的部队，打败了楚军，李归等人都战死了。

　　阳城人邓说将部队驻扎在郏城，被章邯的另一支部队打败了，邓说的军队一路溃逃回陈。铚城人伍徐率兵驻守许地，也被章邯打败了，伍徐的军队也都溃逃回陈。陈王把邓说杀了。

【原文】

陈王初立时，陵人秦嘉、铚人董缳、符离人朱鸡石、取虑人郑布、徐人丁疾等皆特起，将兵围东海守庆于郯。陈王闻，乃使武平君畔为将军，监郯下军。秦嘉不受命，嘉自立为大司马，恶属武平君。告军吏曰："武平君年少，不知兵事，勿听！"因矫以王命杀武平君畔。

【译文】

陈胜刚称王的时候，陵县人秦嘉、铚城人董缳、符离人朱鸡石、取虑人郑布、徐州人丁疾等也分别兴兵起义，他们带兵把东海郡守庆围困在郯城。陈王听说了就派武平君畔为将军，监督统领郯城各路起义军。秦嘉拒不受命，自立为大司马，不愿意听从武平君派遣。于是秦嘉对他的下属军官说："武平君不过是个乳臭未干的小子，不懂兴兵打仗，不要听他的！"就假造陈王的命令杀了武平君畔。

【原文】

章邯已破伍徐，击陈，柱国房君死。章邯又进兵击陈西张贺军。陈王出监战，军破，张贺死。

【译文】

章邯打败了伍徐以后，进攻陈县，陈王的上柱国房君蔡赐战死。章邯又对驻扎在陈县西边张贺的部队发起进攻。虽然陈王亲自出来督战，还是被章邯打败了，张贺战死。

【原文】

腊月，陈王之汝阴，还至下城父，其御庄贾杀以降秦。陈胜葬砀，谥曰隐王。

【译文】

十二月，陈王退守汝阴，转到下城父时，给他驾车的庄贾杀了他投降秦军。陈胜被葬在砀县，谥号叫"隐王"。

【原文】

陈王故涓人将军吕臣为苍头军，起新阳，攻陈，下之，杀庄贾，复以陈为楚。

初，陈王至陈，令铚人宋留将兵定南阳，入武关。留已徇南阳，闻陈王死，南阳复为秦。宋留不能入武关，乃东至新蔡，遇秦军，宋留以军降秦。秦传留至咸阳，车裂留以徇。

【译文】

陈王以前的侍臣吕臣后来当了将军，组建了一支青巾裹头的苍头军，吕臣带兵从新阳出发进攻陈县，攻克陈县后，杀了庄贾，又以陈县为楚都。

在陈王刚到陈县的时候，曾派了铚县人宋留带兵攻取南阳，再进兵武关。宋留占领了南阳后，却传来陈王被杀的消息，南阳又落入秦军手中。宋留攻不进武关，便向东移兵新蔡，谁知又遇上秦军，宋留率众投降。秦军把宋留押到咸阳，将他车裂示众。

【原文】

秦嘉等闻陈王军破出走，乃立景驹为楚王，引兵之方与，欲击秦军定陶下。使公孙庆使齐王，欲与并力俱进。齐王曰："闻陈王战败，不知其死生，楚安得不请而立王！"公孙庆曰："齐不请楚而立王，楚何故请齐而立王！且楚首事，当令于天下。"田儋诛杀公孙庆。

【译文】

秦嘉等听说陈王吃了败仗，逃离陈县，就立景驹为楚王，率兵到了方与，准备在定陶附近袭击秦军；于是派公孙庆去见齐王田儋，想劝田儋与他们联手对付秦军。齐王说："听说陈王战败，至今生死不明，楚国怎么能不来请示我就立王呢？"公孙庆说："齐当时自立为王也没请示陈，楚为什么要请示齐才能立王？何况楚是首先起义抗秦的，自当号令天下。"田儋听完这话理屈辞穷，十分生气，就杀了公孙庆。

　　　　秦左右校复攻陈，下之。吕将军走，收兵复聚。鄱盗当阳君黥布之兵相收，复击秦左右校，破之青波，复以陈为楚。会项梁立怀王孙心为楚王。

【译文】

　　秦的左右校尉率军再次攻打陈县，又攻取陈县。将军吕臣逃出了来，又聚集了一部分原班人马，途中遇见曾在鄱阳为盗的当阳君黥布，两人合兵一处，返回陈县攻打秦左右校尉，在青波打败秦军，再度以陈县为楚都。正赶上项梁立了楚怀王的孙子心为楚王。

【原文】

　　　　陈胜王凡六月。已为王，王陈。其故人尝与庸耕者闻之，之陈，扣宫门曰："吾欲见涉。"宫门令欲缚之。自辩数，乃置，不肯为通。陈王出，遮道而呼涉。陈王闻之，乃召见，载与俱归。入宫，见殿屋帷帐，客曰："夥颐！涉之为王沈沈者！"楚人谓多为夥，故天下传之，夥涉为王，由陈涉始。客出入愈益发舒，言陈王故情。或说陈王曰："客愚无知，颛妄言，轻威。"陈王斩之。诸陈王故人皆自引去，由是无亲陈王者。陈王以朱房为中正，胡武为司过，主司群臣。诸将徇地，至，令之不是者，系而罪之，以苛察为忠。其所不善者，弗下吏，辄自治之。陈王信用之。诸将以其故不亲附，此其所以败也。

【译文】

　　陈胜总共做了六个月的陈王；称王后，在陈地做王。以前和陈胜一起给人种田的伙伴得知陈胜做了陈王便到陈找陈胜，敲着宫门大声喊："我要见陈涉。"守宫门的官要绑他，经他再三解说，才把他放了，但仍不给通报。等到陈王有事外出，他就拦路大叫陈王的名字，陈王听到喊声，才停下召见，和他同车回宫。陈胜的伙伴进宫后，看了殿堂房屋、帷幕帐帘，客人惊叹说："真多呀！陈涉当了王，宫殿可真气派啊！"楚人说话管多叫"夥"所以天下风行"夥涉为王"这句话，就出自陈胜的经历。客人在宫里进进

史记·世家

出，愈来愈放肆随便，任意谈论陈王的往事。于是有人劝陈王说："你这个客人愚昧无知，整天胡说八道，有损您的威信。"陈王就把客人给杀了。于是，陈王以前的老熟人都主动离开他，从此陈王身边再也没有亲近的人了。陈王任命朱房为中正，胡武为司过，让他们暗中探查群臣的过失。将领们攻城掠地，回陈县复命时，不遵从命令行事的，马上抓来治罪。朱、胡二人办事苛刻细致，以此表明对陈王的忠诚。和朱、胡二人关系不好的人，一旦犯了错，他们不交有关官吏检验，就直接给人审问定罪。陈王却很信任他们。将领们因此不再亲附陈王，这是陈王失败的原因。

立鹤方壶　春秋后期。通高122厘米，宽54厘米，重64千克。该壶造形宏伟，装饰华美，构思新颖，设计精巧。曾被郭沫若先生誉为春秋时代的精神象征。

【原文】

　　陈胜虽已死，其所置遣侯王将相竟亡秦，由涉首事也。高祖时为陈涉置守冢三十家砀，至今血食。

【译文】

　　陈胜虽然死了，但是他册封的王侯将相最终推翻了暴秦的统治，还是陈涉带头起义促成的。汉高祖时，特地在砀县陈涉的墓旁安置三十户人家为陈涉守墓，到现在都按时宰牲畜祭祀他。

【原文】

　　褚先生曰："地形险阻，所以为固也；兵革刑法，所以为治也，犹未足恃也。夫先王以仁义为本，而以固塞文法为枝叶，岂不然哉！吾闻贾生之称曰：

【译文】

　　褚先生说：地势险要，才有利于固守；有先进的武器装备、明确的法律条文，才有利于治理国家。但这些还不足以依靠。所以古代的圣王，都是以仁义道德为立国之本，以坚固要塞和法制规章为治国的辅助条件。难道不是这样吗？我听贾生评论说：

【原文】

　　"秦孝公据殽、函之固，拥雍州之地，君臣固守，以窥周室。有席卷天下，包举宇内，囊括四海之意，并吞八荒之心。当是时也，商君佐之，内立法度，务耕织，修守战之备；外连衡而斗诸侯。于是秦人拱手而取西河之外。

【译文】

　　"秦孝公凭借崤山、函谷关那样牢固的天险，拥有了雍州宽广的地域，君臣固守着自己的根据地，虎视眈眈地觊觎周王朝的政权；有席卷天下，占领海内，统一全国的意志，并吞八方的决心。就在这个时候，商鞅辅佐他，对内以法治国，奖励耕织生产，整顿军队，修筑防御系统；对外实行连横，挑唆诸侯各国相互争斗。于是，秦国轻而易举地就取得黄河以西的大片土地。

【原文】

　　"孝公既没，惠文王、武王、昭王蒙故业，因遗策，南取汉中，西举巴蜀，东割膏腴之地，收要害之郡。诸侯恐惧，会盟而谋弱秦。不爱珍器重宝肥饶之地，以致天下之士。合从缔交，相与为一。当此之时，齐有孟尝，赵有平原，楚有春申，魏有信陵，此四君者，皆明知而忠信，宽厚而爱人，尊贤而重士。约从连衡，兼韩、魏、燕、赵、宋、卫、中山之众。于是六国之士有宁越、徐尚、苏秦、杜赫之属为之谋，齐明、周最、陈轸、邵滑、楼缓、翟景、苏厉、乐毅之徒通其意，吴起，孙膑、带他、兒良、王廖、田忌、廉颇、赵奢之伦制其兵。尝以什倍之地，百万之师，仰关而攻秦。秦人开关而延敌，九国之师遁逃而不敢进。秦无亡矢遗镞之费，而天下固已困矣。于是从散约败，争割地而赂秦。秦有余力而制其弊，追亡逐北，伏尸百万，流血漂橹，因利乘便，宰割天下，分裂山河，强国请服，弱国入朝。

　　"施及孝文王、庄襄王，享国之日浅，国家无事。

【译文】

"孝公死后，惠文王、武王、昭王继承旧业，沿袭前代君主遗留的策略，南取汉中，西占巴蜀，向东侵割其他诸侯国富饶的土地，夺取险要的郡邑。各诸侯国为此惴惴不安，想要联手合盟削弱秦国。他们不惜以奇珍异宝和富饶的土地笼络天下的人才。南北合纵，订立联盟条约，一致抗秦。当时，齐国有孟尝君，赵国有平原君，楚国有春申君，魏国有信陵君，这四个人，都是贤明而忠信，宽厚而爱人，尊敬贤达重用人才的。各国订立了纵约，会合了韩、魏、燕、赵、宋、卫、中山等国的军队。于是，六国的才士有宁越、徐尚、苏秦、杜赫之流为之出谋划策；有

龙耳虎足壶　通高87.5厘米，宽47.2厘米，重41千克。为春秋时期的代表器，1923年出土于河南新郑。

齐明、周取、陈轸、邵滑、楼缓、翟景、苏厉、乐毅等人为其奔走联络；有吴起、孙膑、带他、兒良、王廖、田忌、廉颇、赵奢这一类人为他们排兵布阵整顿军队。各国以十倍于秦的领土，百万大军，西上到函谷关攻打秦国，秦国人打开关门诱敌深入，九国联军竟然四散逃走不敢前进。秦国没有射出一根箭，损失一兵一卒，天下诸侯就已经疲困不堪了。于是合纵的体制瓦解，联盟的条约被破坏了，各诸侯国争先恐后将自己的领地割给秦国。秦国便有充裕的力量来制服困乏的诸侯，秦军乘势追击逃亡败退的诸侯兵，战场上尸横遍野，死难将士的血都能把盾牌漂起来。进而凭借这个有利形势，利用方便时机，宰割天下，鲸吞各国领土，于是强国请求归附，弱国也纷纷向秦纳贡称臣了。

"因为秦孝文王、秦庄襄王当政时间不长，秦国也就没有什么大变故。

【原文】

"及至始皇，奋六世之余烈，振长策而御宇内，吞二周而亡诸侯，履至尊而制六合，执敲朴以鞭笞天下，威振四海。南取百越之地，以为桂林，象郡，百越之君俯首系颈，委命下吏。乃使蒙恬北筑长城而守藩篱，却匈奴七百余里，胡人不敢南下而牧马，士亦不敢贯弓而报怨。于是废先王之道，燔百家之言，以愚黔首。堕名城，杀豪俊，收天下之兵聚之咸阳，销锋镝，铸以为金人十二，以弱天下之民。然后践华为城，因河为池，据亿丈之城，临不测之溪以为固。良将劲弩，守

要害之处，信臣精卒，陈利兵而谁何。天下已定，始皇之心，自以为关中之固，金城千里，子孙帝王万世之业也。

【译文】

　　"等到秦始皇继位，他振发六世祖先的余威，挥动着长鞭驾驭天下，吞并了东周、西周，铲除各国诸侯，登上了皇帝的宝座，成为中国的主宰。他用严刑酷法约束臣民百姓，声威震动了四海。南方攻取了百越地区，改设为桂林和象郡；百越一带的君长，颈系绳索，俯首听命，任凭秦朝官吏驱使。又派了蒙恬到北方修筑长城，防守边疆，把匈奴逐退了七百多里，胡人再也不敢南下牧马，六国遗民也不敢兴兵复国。于是，他废弃先王治理国家的办法，烧毁了诸子百家的著作，使百姓愚昧无知俯首听命；拆除六国名城，屠杀各诸侯国的英雄豪杰，把天下的兵器没收，运回咸阳，投入熔炉，改铸成铜人十二，以解除民间武装。然后依凭华山高峻的地势作城郭，利用大河深急的流水作防护的城濠；高据亿丈坚城，下临无底的深溪作坚固屏障。任用良将，使用精锐武器镇守险要关口，忠实臣子和精锐兵卒，装备着锋利的兵器，把守关口，盘问往来行人，天下已经安定。在始皇的心里，觉得关中地势险要固若金汤，可成为子孙世代继承帝王的基础。

【原文】

　　"始皇既没，余威振于殊俗。然而陈涉瓮牖绳枢之子，氓隶之人，而迁徙之徒也。材能不及中人，非有仲尼、墨翟之贤，陶朱、猗顿之富也。蹑足行伍之间，俯仰阡陌之中，率罢散之卒，将数百之众，转而攻秦。斩木为兵，揭竿为旗，天下云集响应，赢粮而景从，山东豪俊遂并起而亡秦族矣。

【译文】

　　"秦始皇死后，他的余威还震服着远方的少数民族。可是，陈涉仅是一个用破瓮作窗、用草绳系门轴的贫民子弟，靠给人种田谋生的穷苦贫民，发配戍边的征夫。他的才能不及普通人，没有孔子、墨子的贤德，也没有陶朱和猗顿的财富。他置身在戍卒的行列之中，仅仅是个听从他人差遣的小头目，

环带纹壶　春秋后期。通高43.5厘米，宽25厘米，重8.11千克。

带领着疲乏散乱的戍卒，率领着几百个人，起义抗秦。砍下木头作兵器，举起竹竿做旗号，天下人竞争先恐后地响应他，大家各自担着粮食来追随他，崤山以东的英雄豪杰此时也纷纷发动起义，最终推翻秦朝统治。

【原文】

　　"且天下非小弱也；雍州之地，殽、函之固自若也。陈涉之位，非尊于齐、楚、燕、赵、韩、魏、宋、卫、中山之君也；钼耰棘矜，非铦于句戟长铩也；適戍之众，非俦于九国之师也；深谋远虑，行军用兵之道，非及乡时之士也。然而成败异变，功业相反也。尝试使山东之国与陈涉度长絜大，比权量力，则不可同年而语矣。然而秦以区区之地，致万乘之权，抑八州而朝同列，百有余年矣。然后以六合为家，殽、函为宫。一夫作难而七庙堕，身死人手，为天下笑者，何也？仁义不施，而攻守之势异也。"

【译文】

　　"其实秦国的领土并未减少，秦的实力也没有变弱；雍州的土地，崤山、函谷关的险固一如既往。陈涉的地位和威望也远没有齐、楚、燕、赵、韩、魏、宋、卫、中山等国君那么高；所用的锄头木耙和棍棒，比不上钩戟长矛的锋利；发配流戍的人，远不如当年九国军队那么强大；深谋远虑行兵打仗的本事与以往的将帅、军事家有天壤之别。但是成功失败的不同变化，功业完全相反。曾试着比较崤东各诸侯与陈涉的实力，根本不能同日而语。然而，秦国当年凭借区区地盘，取得万乘大国权位，进而使八方的同列诸侯来朝拜自己，也已经有一百多年了。最后统一天下，以天地六合为他一家所有，把崤山、函谷关作为他的宫墙。可是一个老百姓带头起义，竟连他历代的祖庙都遭受灭顶之灾，秦二世、子婴被人杀死，成为天下人的笑柄，这究竟是什么原因呢？　不过是因为他不施仁政，导致攻、守之势发生翻天覆地的变化罢了。"

荆燕世家

【原文】

　　荆王刘贾者，诸刘，不知其何属。初起时。

【译文】

　　荆王刘贾，出于刘氏宗族，但不知道他是属于刘家的哪一支，兴起是在什么时候。

【原文】

　　汉王元年，还定三秦，刘贾为将军，定塞地，从东击项籍。

【译文】

　　汉王元年，他返回关中参加平定三秦之战，刘贾为将军，让他镇守在桃林塞，从东边攻打项羽。

【原文】

　　汉四年，汉王之败成皋，北渡河，得张耳、韩信军，军修武，深沟高垒，使刘贾将二万人，骑数百，渡白马津入楚地，烧其积聚，以破其业，无以给项王军食。已而楚兵击刘贾，贾辄壁不肯与战，而与彭越相保。

【译文】

　　汉四年，汉王在成皋战败，北渡黄河，得到张耳、韩信的军队加入，在修武驻军，加强工事，挖深战壕，筑高堡垒，派刘贾带领步兵两万、骑兵数百人，渡过白马津深入楚地，烧毁楚地储存的粮草军需等物，以破坏项羽的后勤供给，使它无法供应项王的军需粮食。不久，楚兵反击刘贾，刘贾总是固守不肯出战，并与彭城形成互保的态势。

韩信

【原文】

汉五年，汉王追项籍至固陵，使刘贾南渡淮围寿春。还至，使人间招楚大司马周殷。周殷反楚，佐刘贾举九江，迎武王黥布兵，皆会垓下，共击项籍。汉王因使刘贾将九江兵，与太慰卢绾西南击临江王共尉。共尉已死，以临江为南郡。

【译文】

汉五年，汉王追击项羽追到固陵，派刘贾南渡淮水，进而包围寿春。迅速赶到后，刘贾派人暗中招降楚王的大司马周殷。周殷因而反叛楚王，帮助刘贾攻下九江，迎接武王黥布的军队，一齐会合于垓下，共同围击项羽。汉王趁机派刘贾率领九江的军队，与太尉卢绾会合，向西方攻打临江王共尉。共尉死后，就把临江设置为南郡。

汉代绿釉浮雕动物陶器

【原文】

汉六年春，会诸侯于陈，废楚王信，囚之，分其地为二国。当是时也，高祖子幼，昆弟少，又不贤，欲王同姓以镇天下，乃诏曰："将军刘贾有功，及择子弟可以为王者。"群臣皆曰："立刘贾为荆王，王淮东五十二城；高祖弟交为楚王，王淮西三十六城。"因立子肥为齐王。始王昆弟刘氏也。

【译文】

汉六年春天，刘邦在陈县会合诸侯王，废楚王韩信的王位，并囚禁他，将他的封地分为两国。当时，高祖的儿子年幼，兄弟少，又不贤能，想封同姓的为王来治理天下，于是下诏说："将军刘贾有功，宜选择刘氏子弟中可以担任王位的。"群臣都说："立刘贾为荆王，封给他淮东五十二城；高祖的弟弟刘交为楚王，封给他淮西三十六城。"因而立自己的儿子刘肥为齐王。刘邦到这时才开始分封自己的兄弟刘氏为王。

【原文】

高祖十一年秋，淮南王黥布反，东击荆。荆王贾与战，不胜，走富陵，为布军所杀。高祖自击破布。十二年，立沛侯刘濞为吴王，王故荆地。

高祖十一年秋天，淮南王黥布叛变，向东攻击荆。荆王刘贾跟他作战，刘贾战败，逃到富陵，被黥布的军队杀死。高祖亲自率领军队击败黥布。十二年，立沛侯刘濞为吴王，将荆王以前的封地封给刘濞。

燕王刘泽者，诸刘远属也。

燕王刘泽，是刘氏宗族中的远房子孙。

高帝三年，泽为郎中。高帝十一年，泽以将军击陈豨，得王黄，为营陵侯。

高帝三年。刘泽担任郎中。高帝十一年，刘泽任将军攻打陈豨，俘虏了陈豨将王黄，被封为营陵侯。

高后时，齐人田生游乏资，以画干营陵侯泽。泽大说之，用金二百斤为田生寿。田生已得金，即归齐。二年，泽使人谓田生曰："弗与矣。"田生如长安，不见泽，而假大宅，令其子求事吕后所幸大谒者张子卿。居数月，田生子请张卿临，亲修具。张卿许往。田生盛帷帐共具，譬如列侯。张卿惊。酒酣，乃屏人说张卿曰："臣观诸侯王邸弟百余，皆高祖一切功臣，今吕氏雅故本推毂高帝就天下，功至大，又亲戚太后之重。太后春秋长，诸吕弱，太后欲立吕产为（吕）王，王代。太后又重发之，恐大臣不听。今卿最幸，大臣所敬，何不风大臣以闻太后，太后必喜。诸吕已王，万户侯亦卿之有。太后心欲之，而卿为内臣，不急发，恐祸及身矣。"张卿大然之，乃风大臣语太后。太后朝，因问大臣。大臣请立吕产为吕王。太后赐张卿千斤金，张卿以其半与田生。田生弗受，因说之曰："吕产王也，诸大臣未大服。今营陵侯泽，诸刘，为大将军，独此尚觖望。今卿言太后，列十余县王之，彼得王，喜去，诸吕王益固矣。"张卿入言，太后然之。乃以营陵侯刘泽为琅邪王。琅邪王乃与田生之国。田生劝泽急行，毋留。出关，太后果使人追止之；已出，即还。

【译文】

　　高后执政时，齐人田生外出游说缺少路费，以奇谋计划求助于营陵侯刘泽。刘泽非常高兴，拿出黄金二百斤送给田生作为寿礼。田生得到这笔钱后，便返回齐地。第二年，刘泽派人对田生说："你不再跟我交往了吗？"田生来到长安，也不去见刘泽，而借了一座宽敞房子，叫他的儿子去求见侍奉吕后所受宠幸的宦官张子卿。住了几个月，田生的儿子请张子卿到家来，亲自整理房间招待客人。张子卿答应前往。田生室内张挂帷幕帐子，陈设了豪华的器具，款待他规格有如列侯。张子卿感到惊异。饮酒正畅快时，田生叫下人退下，便向张卿游说道："我观察诸侯王的宅第百余家，都是高祖同时的功臣。如今的吕氏素来是叫忠心耿耿辅佐推奉高祖取天下的，功劳最大，亲戚中太后的地位最重要。如今太后年事已高，而诸吕显得薄弱，太后本想立吕产为王，把代这地方封给他。太后又难于启齿，怕引起大臣的反对。现在您在太后面前是最被宠幸的，大臣们对您也最敬重，你何不劝告大臣们同意封诸吕为王，然后禀告太后，太后必定高兴。诸吕被封王后，万户侯也就为你所有了。太后心里想这样做，而您身为内臣，如不赶紧去做，怕将来祸害会降临到自己的头上。"张子卿听了，也大为赞同田生的看法，于时规劝大臣们赞成封吕氏为王，并禀告了太后。太后上朝，因而询问大臣们。大臣们请求立吕产为吕王。太后赏赐黄金一千金给张子卿。张子卿把太后赐给他的钱，分一半给田生。田生不接受，乘机又对张子卿游说道："吕产受封为王，各大臣未必心服。今营陵侯刘泽，是刘氏宗族，任大将军。只有他还有怨恨。现在您可以向太后进言，列十几县封

玉仙人奔马

刘泽为王，他获得王位，也乐得离开京都，而诸吕的王位，便更加巩固了。"张子卿果然进言，太后也按照张卿的话去做。于是封营陵侯刘泽为琅邪王。琅邪王便与田生前往封国。田生劝刘泽赶快上路，不要停留。刘泽出了函谷关，太后果然派人去追赶阻止他，但他已出了关，追赶的人只好回来。

【原文】

　　　　及太后崩，琅邪王泽乃曰："帝少，诸吕用事，刘氏孤弱。"乃引兵与齐王合谋西，欲诛诸吕。至梁，闻汉遣灌将军屯荥阳，泽还兵备西界，遂跳驱至长安。代王亦从代至。诸将相与琅邪王共立代王为天子。天子乃徙泽为燕王，乃复以琅邪予齐，复故地。

【译文】

　　等到太后去世，琅邪王刘泽便说："皇上年纪小，而诸吕把持政权，刘氏势单力薄。"于是发兵和齐王联合，计划到西边来，想诛杀诸吕，到达梁地时，听说汉派遣灌婴将军屯兵荥阳，刘泽便回兵要他们在本国西界线上加强戒备，而自己便急驰赶到长安。这时代王刘恒也从代地赶来，将相们和琅邪王商议，共同立代王为天子。天子迁升刘泽为燕王，并将以前从齐划出的琅邪等地，再还给齐王，恢复齐王原来的封地。

【原文】

　　　　泽王燕二年，薨，谥为敬王。传子嘉，为康王。

【译文】

　　刘泽封为燕王，二年后，去世，谥号敬王。王位传给儿子刘嘉，这就是康王。

【原文】

　　　　至孙定国，与父康王姬奸，生子男一人。夺弟妻为姬。与子女三人奸。定国有所欲诛杀臣肥如令郢人，郢人等告定国，定国使谒者以他法劾捕格杀郢人以灭口。至元朔元年，郢人昆弟复上书具言定国阴事，以此发觉。诏下公卿，皆议曰："定国禽兽行，乱人伦，逆天，当诛。"上许之。定国自杀，国除为郡。

【译文】

王位传到孙子刘定国，他与父亲康王的姬妾通奸，生下一个男孩。定国又夺弟弟的妻子为姬妾。又与三个女儿通奸。定国想杀肥如县令郢人，郢人等上告定国。定国派下属假借其他法律检举捕杀郢人以灭口。到汉武帝元朔元年，郢人兄弟再上书，揭发定国隐私丑事，定国的罪行因此全部暴露。皇帝下诏令给公卿，评议这件事，都评议说："定国禽兽的行为，败坏人伦，违背天理，当处死。"皇上也赞同这样做。定国畏罪自杀，封国被取消，改为郡。

【原文】

太史公曰："荆王王也，由汉初定，天下未集，故刘贾虽属疏，然以策为王，填江、淮之间。刘泽之王，权激吕氏，然刘泽卒南面称孤者三世。事发相重，岂不为伟乎！

【译文】

太史公说：荆王被封为王，是由于汉朝刚刚建立不久，尚未能安定，所以刘贾虽是刘氏的远房宗亲，还是策封为王，镇抚江淮之间。刘泽被封王，是以权谋激发吕氏而得到的，而刘泽终于南面称王并传位三代之久，他能用田生说张子卿激吕后封诸吕，为各方所倚重，自己得到王位，难道还不超常吗？

留侯世家

【原文】

留侯张良者，其先韩人也。大父开地，相韩昭侯、宣惠王、襄哀王。父平，相釐王、悼惠王。悼惠王二十三年，平卒。卒二十岁，秦灭韩。良年少，未宦事韩。韩破，良家僮三百人，弟死不葬，悉以家财求客刺秦王，为韩报仇，以大父、父五世相韩故。

良尝学礼淮阳，东见仓海君，得力士，为铁椎重百二十斤。秦皇帝东游，良与客狙击秦皇帝博浪沙中，误中副车。秦皇帝大怒，大索天下，求贼甚急，为张良故也。良乃更名姓，亡匿下邳。

　　留侯张良，他的祖先是韩国人。祖父叫开地，曾经给韩昭侯、宣惠王、襄哀王当过丞相；父亲名平，给釐王、悼惠王做过丞相。悼惠王二十三年，张平去世。张平死后二十年，秦就灭了韩国。当时，张良年纪小，没在韩国做过官。韩国灭亡之后，张良家有奴仆三百人，弟弟死了没有厚葬，却拿出全部家财来招募刺客，谋刺秦始皇，替韩国报仇，这是因为他祖父和父亲做过韩国五代国君的丞相。

张良　字子房，汉初三杰之一。汉初城父（今安徽亳州市东南）人。秦末农民战争中，率部投奔刘邦，为其重要谋士。汉朝建立，封留侯。

　　张良曾经在淮阳学习典章制度，又到东部去拜访仓海君，找到了一位大力士，又为他精心打造了一百二十斤重的大铁锤。秦始皇到东部巡游，张良和这个大力士埋伏在博浪沙中，偷袭秦始皇，结果误中了一辆随行的车。秦始皇大为震怒，号令全国大举搜查，如此着急捉拿刺客，全是为了张良的缘故。于是，张良就改名换姓，逃到下邳一带躲起来。

【原文】

　　　　良尝闲从容步游下邳圯上，有一老父，衣褐，至良所，直堕其履圯下，顾谓良曰："孺子，下取履！"良鄂然，欲殴之，为其老，强忍，下取履。父曰："履我！"良业为取履，因长跪履之。父以足受，笑而去。良殊大惊，随目之。父去里所，复还，曰："孺子可教矣。后五日平明，与我会此。"良因怪之，跪曰："诺。"五日平明，良往。父已先在，怒曰："与老人期，后，何也？"去，曰："后五日早会。"五日鸡鸣，良往。父又先在，复怒曰："后，何也？"去，曰："后五日复早来。"五日，良夜未半往。有顷，父亦来，喜曰："当如是。"出一编书，曰："读此则为王者师矣。后十年兴。十三年孺子见我济北，谷城山下黄石即我矣。"遂去，无他言，不复见。旦日视其书，乃《太公兵法》也。良因异之，常习诵读之。

【译文】

有一天，张良在下邳的桥上散步，遇到一个老头，穿了件粗布短衣，走到张良的身边，把他的鞋子甩到桥下，回过头来对张良说："小伙子，下去把鞋给我捡上来！"张良感到惊讶，真想揍他一顿。因见他年老，强压住火，跑到桥下，把老人那只鞋给捡了上来。老头说："替我穿上！"张良心想反正都给他把鞋捡回来了，就给他穿上吧，便跪下来给他穿鞋，老头伸出脚来，让他把鞋穿好，便笑着扬长而去！张良特别惊讶，傻乎乎地看着老人走远了。老翁走了一里多路，又走回来，说道："你小子值得我开导开导！第五天的拂晓，在这里等我！"张良感到惊异，跪着说："好！"第五天，天一亮，张良就去了。可是老翁已经先到了！很生气地对张良说："跟长辈约会，反而后到，怎么回事啊？"说完掉头就走，边走边说："五天后早点来这儿等我！"第五天，鸡刚叫，张良就奔桥去了，老翁又先在那里了，又生气地说："你怎么又迟到了？"老翁说完又走了！说："五天后，再早点来！"第五天，良不到半夜就来了，过了一会儿，老头就来了，高兴地说："应该这样！"随即掏出一本书，说："读了这本书便能做帝王的老师了，十年后，您会有所成就的。十三年后，到济北来见我，我就是谷城山下的黄石。"说完就走，没交待其他的事，从此张良再没见到这位老人。天亮后，张良看了老头送他的那本书，原来是《太公兵法》。张良觉得那是本奇书，便经常温习诵读它。

【原文】

居下邳，为任侠。项伯常杀人，从良匿。

后十年，陈涉等起兵，良亦聚少年百余人。景驹自立为楚假王，在留。良欲往从之，道遇沛公。沛公将数千人，略地下邳西，遂属焉。沛公拜良为厩将。良数以《太公兵法》说沛公，沛公善之，常用其策。良为他人言，皆不省。良曰："沛公殆天授。"故遂从之，不去见景驹。

【译文】

张良在下邳栖身时，仗义行侠。项伯因为杀过人，跟随张良躲在下邳。

十年后，陈涉等人起义，张良也聚集了一百多青壮年准备起义。景驹在留县自立为楚假王，张良想去投奔景驹。在途中遇到沛公。这里沛公已有数千士辛，攻占了邳以西的大部分地区，张良就为沛公效力。沛人任命张良为管理军马的官。张良多次根据《太公兵法》为沛公出谋划策，沛公十分欣赏，常常采纳他的计策，张良和其他人谈这些他们都不能领悟。张良说："沛公大概是天赐的聪明！"所以就跟着沛公转战南北，不想去投奔景驹了。

【原文】

及沛公之薛，见项梁。项梁立楚怀王。良乃说项梁曰："君已立楚后，而韩诸公子横阳君成贤，可立为王，益树党。"项梁使良求韩成，立以为韩王。以良为韩申徒，与韩王将千余人西略韩地，得数城，秦辄复取之，往来为游兵颍川。

【译文】

等沛公到了薛，见到项梁。项梁拥立楚怀王。张良趁机对项梁说："您已经拥立了楚国王室后人，然而韩王室众多的后人中有位横阳君韩成，十分贤能，可以立他为韩王，这样我们就多了个合作伙伴。"项梁就派张良去请韩成，立他作韩王。派张良做韩国的申徒，拨给韩王一千多士卒，让他和张良向西去收复韩国失地。攻下好几座城镇，但又常被秦军夺回去，韩兵就在颍川一带来回打游击。

【原文】

沛公之从雒阳南出轘辕，良引兵从沛公，下韩十余城，击破杨熊军。沛公乃令韩王成留守阳翟，与良俱南，攻下宛，西入武关。沛公欲以兵二万人击秦峣下军，良说曰："秦兵尚强，未可轻。臣闻其将屠者子，贾竖易动以利，愿沛公且留壁，使人先行，为五万人具食，益为张旗帜诸山上，为疑兵，令郦食其持重宝啖秦将。"秦将果畔，欲连和俱西袭咸阳。沛公欲听之，良曰："此独其将欲叛耳，恐士卒不从。不从必危，不如因其解击之。"沛公乃引兵击秦军，大破之。逐北至蓝田，再战，秦兵竟败。遂至咸阳，秦王子婴降沛公。

沛公离开洛阳向南经过轘辕山的时候，张良带着兵跟随沛公，占领韩地十几座城池，把秦将杨熊的部队打得落花流水。沛公就叫韩王成留守阳翟；带着张良往南打，攻下宛城，向西进入武关。沛公想派二万人的军队去攻打秦峣关的部队，张良劝道："秦的部队还很强大，不可轻视。我听说峣关守将是屠夫的儿子，这种市井之徒不费吹灰之力就能被收买。我劝您暂且留在营中，坚守阵地，另外派出一支先遣部队，预备五万人的粮饷；同时，您在附近的山头多插挂我们的旗帜，迷惑敌人；同时派郦食其带着很多贵重的宝物去收买秦将。"秦将果然背叛了秦，希望跟沛公一道西进，偷袭咸阳，沛公想接受秦将投降，张良就说："现在只是守关的将领想投降，他们手下的兵未必肯投降。士兵不从必给我们带来危害！不如乘敌人松懈时袭击他们。"沛公领兵攻打秦军，果然大败秦军，沛公率众追赶败兵，一直追到蓝田。再次交战，秦兵全军覆没，于是沛公进入咸阳，秦王子婴就出城向沛公投降。

犀牛尊　西汉青铜酒器。整件器物饰以错金银云纹，精美华丽，是实用重器中的精品。

【原文】

　　沛公入秦宫，宫室、帷帐、狗马、重宝、妇女以千数，意欲留居之。樊哙谏沛公出舍，沛公不听。良曰："夫秦为无道，故沛公得至此。夫为天下除残贼，宜缟素为资。今始入秦，即安其乐，此所谓'助桀为虐'。且'忠言逆耳利于行，毒药苦口利于病'，愿沛公听樊哙言。"沛公乃还军霸上。

【译文】

　　沛公进入宫殿，宫里的宫室、帷帐、名犬、良马、珍宝、美女，数不胜数，就想住进那里。樊哙劝沛公住到宫外去，沛公不听。张良劝道："因为秦皇荒淫无道，您才能到这儿来，您为天下人推翻秦朝暴君的统治，本该以俭朴为本，现在您一入秦就想享受荣华富贵，这就是人们常说的'助桀为虐'了，而且'忠言逆耳利于行，良药苦口利于病'！希望您能采纳樊哙的建议。"沛公这才领兵回到霸上。

史记·世家

【原文】

　　项羽至鸿门下，欲击沛公，项伯乃夜驰入沛公军，私见张良，欲与俱去。良曰："臣为韩王送沛公，今事有急，亡去不义。"乃具以语沛公。沛公大惊，曰："为将奈何？"良曰："沛公诚欲倍项羽邪？"沛公曰："鲰生教我距关无内诸侯，秦地可尽王，故听之。"良曰："沛公自度能却项羽乎？"沛公默然良久，曰："固不能也。今为奈何？"良乃固要项伯。项伯见沛公。沛公与饮为寿，结宾婚。令项伯具言沛公不敢倍项羽，所以距关者，备他盗也。及见项羽后解，语在《项羽》事中。

【译文】

　　项羽来到鸿门下，想攻打沛公，项伯趁着夜色，溜进沛公的军营，偷偷去劝张良和他走。张良说："我替韩王保护沛公，现在事出紧急，我苟且偷生，弃他于不顾太不仁义了！"于是把情况全部告诉了沛公。沛公大吃一惊，说："依您之见，我该怎么办呢？"张良说："沛公果真想背叛项羽吗？"沛公说："是浅薄无知的小子教我把住函谷关，说只要把其他诸侯挡在关外，便可以占据秦地称王，我一时糊涂信了他的话。"张良说："您觉得您能打败项羽吗？"沛公沉默了好一会，最后说："本来就不能够，可是现在怎么办？"张良于是硬把项伯邀去见沛公。项伯见到了沛公，沛公陪项伯饮酒不断地说好话，沛公又与项伯结为好友、儿女亲家。沛公请项伯转告项羽自己绝不会背叛他。之所以要把住函谷关口，是防备其他强盗进入。等见到项羽以后，两人就和解了。这些话记载在《项羽本纪》中。

【原文】

　　汉元年正月，沛公为汉王，王巴蜀。汉王赐良金百溢，珠二斗，良具以献项伯。汉王亦因令良厚遗项伯，使请汉中地。项王乃许之，遂得汉中地。汉王之国，良送至褒中，遣良归韩。良因说汉王曰："王何不烧绝所过栈道，示天下无还心，以固项王意。"乃使良还。行，烧绝栈道。

【译文】

汉元年正月，沛公被封为汉王，巴蜀地区归汉王掌管。汉王赐给张良黄金百斤、珍珠两斗，张良把汉王赏赐给他的东西都给了项伯。汉王准备了份厚礼，让张良送给项伯，请项伯代他向项羽索要汉中地区。项羽答应了，于是沛公得到了汉中地区。汉王到自己的封地去，张良把沛公送到褒中城，汉王叫张良回韩国去。张良建议汉王说："大王何不烧掉您所走过了的栈道，以此向天下人表明您不想回来的决心，这样可以稳定项王的心！"汉王就叫张良回韩国，他率众往关中走，一边走一边烧栈道。

【原文】

良至韩，韩王成以良从汉王故，项王不遣成之国，从与俱东。良说项王曰："汉王烧绝栈道，无还心矣。"乃以齐王田荣反，书告项王。项王以此无西忧汉心，而发兵北击齐。

【译文】

张良到了韩国，项王因为韩王让张良追随汉王，不想让韩王回韩王的封地，让韩王和他向东进发。张良劝项王说："汉王把栈道都烧断了，这表明他不会回来。"又把齐王田荣反叛的事，书信报告项王。项王因此不再担心在他西边的汉王会背叛他，于是发兵向北去攻打齐国。

【原文】

项王竟不肯遣韩王，乃以为侯，又杀之彭城。良亡，间行归汉王。汉王亦已还定三秦矣，复以良为成信侯，从东击楚。至彭城，汉败而还。至下邑，汉王下马踞鞍而问曰："吾欲捐关以东等弃之，谁可与共功者？"良进曰："九江王黥布，楚枭将，与项王有郄；彭越与齐王田荣反梁地：此两人可急使。而汉王之将独韩信可属大事，当一面。即欲捐之，捐之此三人，则楚可破也。"汉王乃遣随何说九江王布，而使人连彭越。及魏王豹反，使韩信将兵击之，因举燕、代、齐、赵。然卒破楚者，此三人力也。

【译文】

　　项王始终不愿让韩王回到自己的封地上，就封韩王为侯，又在彭城把他杀了，张良逃走，抄小路投奔汉王。汉王这时也已回军平定三秦了。张良又被封为成信侯，跟随汉王向东去攻打项羽。汉军抵达彭城，吃了败仗，无功而返。到达下邑，汉王下马休息，靠着马鞍问道："我愿意用函谷关以东的土地作封赏，看谁可以与我共建功业？"张良建议道："九江王黥布，是楚的猛将，和项羽有矛盾；彭越和齐王田荣正在梁地反楚，您可以用这

西汉·长信宫灯

二人应付眼前的局面。而您这边的将领中，只有韩信可以托付大事，独挡一面。如果您真要捐弃函谷关以东的土地，就送给这三个人，一定能打败楚国！"汉王于是就派随何，去游说九江王黥布，又派人去联合彭越。等到魏王豹背叛汉时，汉王就叫韩信带兵去攻打魏王，顺势攻占了燕、代、齐、赵诸国。这样最终打败楚国，就是靠的这三个人的力量。

【原文】

　　张良多病，未尝特将也，常为画策臣，时时从汉王。

　　汉三年，项羽急围汉王荥阳，汉王恐忧，与郦食其谋桡楚权。食其曰："昔汤伐桀，封其后于杞。武王伐纣，封其后于宋。今秦失德弃义，侵伐诸侯社稷，灭六国之后，使无立锥之地。陛下诚能复立六国后世，毕已受印，此其君臣百姓必皆戴陛下之德，莫不乡风慕义，愿为臣妾。德义已行，陛下南乡称霸，楚必敛衽而朝。"汉王曰："善。趣刻印，先生因行佩之矣。"

【译文】

　　张良因为体弱多病，不曾独自领兵作战，总是跟在汉王身边，替汉王出谋划策。

　　汉王三年，项羽在荥阳迅速包围了汉王刘邦，汉王十分忧惧，和郦食其商量削弱楚的势力。食其说："从前商汤征讨夏桀，把夏的后人封在杞地；武王伐纣，把殷商的后人封在宋国。如今秦朝失道德，抛弃道义，消灭各诸侯国，断绝他们的子嗣，使他们无立锥之地。大王您如果真能重新立起六国后代，使他们全都接受您的封赐，这样，他们的君臣百姓，必定都感激大王您的恩德，没有人不归顺于您并且仰慕您的德义，发自内心地向您俯首称臣。随着德义的

施行，您就可以南面为帝而称霸天下，楚一定会整饬衣襟朝拜您。"汉王说："好极了！赶快去刻印，先生就请您向六国的后人颁授印信吧。"

【原文】

　　食其未行，张良从外来谒。汉王方食，曰："子房前！客有为我计桡楚权者。"具以郦生语告于子房，曰："何如？"良曰："谁为陛下画此计者？陛下事去矣。"汉王曰："何哉？"张良对曰："臣请藉前箸为大王筹之。"曰："昔者汤伐桀而封其后于杞者，度能制桀之死命也。今陛下能制项籍之死命乎？"曰："未能也。""其不可一也。武王伐纣，封其后于宋者，度能得纣之头也。今陛下能得项籍之头乎？"曰："未能也。""其不可二也。武王入殷，表商容之闾，释箕子之拘，封比干之墓。今陛下能封圣人之墓，表贤者之闾，式智者之门乎？"曰："未能也。""其不可三也。发巨桥之粟，散鹿台之钱，以赐贫穷。今陛下能散府库以赐贫穷乎？"曰："未能也。""其不可四矣。殷事已毕，偃革为轩，倒置干戈，覆以虎皮，以示天下不复用兵。今陛下能偃武行文，不复用兵乎？"曰："未能也。""其不可五矣。休马华山之阳，示以无所为。今陛下能休马无所用乎？"曰："未能也。""其不可六矣。放牛桃林之阴，以示不复输积。今陛下能放牛不复输积乎？"曰："未能也。""其不可七矣。且天下游士离其亲戚，弃坟墓，去故旧，从陛下游者，徒欲日夜望咫尺之地。今复六国，立韩、魏、燕、赵、齐、楚之后，天下游士各归事其主，从其亲戚，反其故旧坟墓，陛下与谁取天下乎？其不可八矣。且夫楚惟无强，六国立者复桡而从之，陛下焉得而臣之？诚用客之谋，陛下事去矣。"汉王辍食吐哺，骂曰："竖儒，几败而公事！"令趣销印。

西汉·彩绘陶骑马武士俑

没等郦食其启程，张良就来拜见汉王。汉王正在吃饭，对张良说："子房，你过来，有个客人为我出了削弱楚国的主意。"于是就把郦食其的话一句不漏地和张良说了一遍，并且问张良："子房，这事你怎么看？"张良说："这主意是谁给您出的？您的大事完了！"汉王说："此话怎讲？"张良回答说："臣请大王准许我用您面前的筷子，替您筹算这件事。"接着说："当年商汤伐夏桀，所以把夏朝的后人封在杞，是因为他知道可以制夏桀于死地。现在大王能制项籍于死地吗？"汉王说："还不能！""这是不可以的第一个原因。武王伐纣，把殷商的后人封在宋，是因为武王确信自己能得到殷纣的脑袋。现在大王能得到项籍的脑袋吗？"汉王说："不能！""这是不可以的第二个原因。武王攻入殷的都城，曾在商容的里门表彰他的德行；释放了箕子；给比干修坟。现在大王能够给圣人修坟，在贤者的里门表彰他的德行，去智者门前向他致敬吗？"汉王说："不能！""这是不能这样做的第三个原因。武王把纣存积在巨桥仓的粮食，储积在鹿台府库的钱贯，散发给贫穷的百姓。现在大王能把您府库里的粮食、钱财、散给穷人吗？"汉王说："不能"！"这是不能这样做的第四个原因。商灭亡后，周武王把战车改为乘车；把兵器倒置在仓中，盖上虎皮，向天下人宣告不再使用兵器。现在大王可以停止征战实行文治，不再使用兵器吗？"汉王说："不能！""这是不能这样做的第五个原因。周武王把战马都赶到华山南坡下，示意天下人再不乘马打仗了。现在大王能让战马休息不再使用它们吗？"汉王说："不能！""这是不能这样做的第六个原因。武王把拉运输车的牛，放到桃林塞的北边，告诉天下人不再运送战备物资。现在大王能够让牛休息，不再运送战备物资吗？"汉王说："不能！""这是不能这样做的第七个原因！而且天下的谋臣说客，抛弃妻儿，离开祖坟，告别朋友，随您东征西战，只是日夜想获得一小块土地。现在您恢复六国，立韩、魏、燕、赵、齐、楚六国的后人，而来自各国的谋士说客，各自回国去侍奉他们的君主，跟他们亲戚家人团聚，回到他们的老家，谁都您打天下啊？这是不能这样做的第八个原因！而且楚国目前是无敌于天下的，您立的六国后代倘若又去追随楚国，大王又怎能使他们臣服呢？假如您真用了那人的计谋，您建功立业的事就毁于一旦了！"汉王饭也不吃了，吐出口中的食物，大声骂道："这个笨蛋书呆子，几乎坏了我的大事！"即刻下令，让人迅速把那些印信毁掉。

【原文】

　　汉四年，韩信破齐而欲自立为齐王，汉王怒。张良说汉王，汉王使良授齐王信印，语在《淮阴》事中。

【译文】

　　汉王四年，韩信占领齐国，想要自立为齐王，汉王十分生气。张良劝汉王，汉王就派张良做特使，授予韩信齐王印信。这些话记载在《淮阴侯列传》中。

【原文】

　　其秋，汉王追楚至阳夏南，战不利而壁固陵，诸侯期不至。良说汉王，汉王用其计，诸侯皆至。语在《项籍》事中。

【译文】

　　这年秋天，汉王追击楚军到阳夏的南边，没打赢，于是就坚守固陵。诸侯负约，逾期不到。张良劝说汉王，汉王采纳他的建议，各地都派援兵去帮汉王。这些话记载在《项羽本记》中。

【原文】

　　汉六年正月，封功臣。良未尝有战斗功，高帝曰："运筹策帷帐中，决胜千里外，子房功也。自择齐三万户。"良曰："始臣起下邳，与上会留，此天以臣授陛下。陛下用臣计，幸而时中，臣愿封留足矣，不敢当三万户。"乃封张良为留侯，与萧何等俱封。

【译文】

　　汉王六年正月，汉王封赏功臣。张良从来没有冲锋陷阵的战功，汉高帝说道："在大营中为我出谋划策，使部队于千里之外打败敌军，这是子房的功劳。你自己选择齐地三万户作为封邑！"张良说；"当初臣从下邳起兵，跟陛下在留相会，这是天把臣交给陛下。陛下采用了臣的计策，侥幸能打败敌军，臣希望受封留地就足够了！不敢接受三万户的封邑。"于是就封张良为留侯，和他一起受封的还有萧何等人。

【原文】

六年，上已封大功臣二十余人，其余日夜争功不决，未得行封。上在雒阳南宫，从复道望见诸将往往相与坐沙中语。上曰："此何语？"留侯曰："陛下不知乎？此谋反耳。"上曰："天下属安定，何故反乎？"留侯曰："陛下起布衣，以此属取天下；今陛下为天子，而所封皆萧、曹故人所亲爱，而所诛者皆生平所仇怨。今军吏计功，以天下不足遍封，此属畏陛下不能尽封，恐又见疑平生过失及诛，故即相聚谋反耳。"上乃忧曰："为之奈何？"留侯曰："上平生所憎，群臣所共知，谁最甚者？"上曰："雍齿与我故，数尝窘辱我。我欲杀之，为其功多，故不忍。"留侯曰："今急先封雍齿以示群臣，群臣见雍齿封，则人人自坚矣。"于是上乃置酒，封雍齿为什方侯，而急趣丞相、御史定功行封。群臣罢酒，皆喜曰："雍齿尚为侯，我属无患矣。"

【译文】

汉王六年，皇上封赏了二十多个功勋卓著的人，其余的人，日夜争功，一时无法评定他们功劳大小而没及时封赏。高祖刘邦在洛阳南宫，从阁道上看到许多将领三三两两，坐在沙土地上议论。高祖问张良："他们在说些什么？"留侯回答："陛下不知道吗？这是在图谋造反呢。"皇上说："天下刚刚安定下来，为什么要造反呢？"留侯说："陛下出身平民，靠这群人夺取天下，现在陛下贵为天子，然而您所封的，都是您所亲近的喜爱的萧何、曹参等人；而您所诛罚的都是陛下平常怨恨的人。现在军吏论功行赏，认为天下之地不够封赏，这些人怕陛下分赏时厚此薄彼，又怕被怀疑到往日的过失而被诛杀，所以聚在一起讨论如何造反哪！"皇上很担忧地说："怎么办呢？"留侯说："您往日憎恨的，而且大臣们认为您最讨厌的是谁？"皇上说："雍齿和我有旧怨，曾经多次侮辱我。我一直想杀了他，但因为他功劳多，所以不忍心。"留侯说："现在您赶快先封雍齿，来昭示群臣。群臣看到雍齿被封了，那么人人都有了坚定的信心。"于是高祖命人大摆酒席，欢宴群臣，当席就封雍齿为什方侯，并且紧催丞相、御史们评功行封。群臣赴宴归来，都十分欢喜地说："雍齿尚且封为侯，我们这些人还有什么可担心的呢！"

【原文】

　　刘敬说高帝曰："都关中。"上疑之。左右大臣皆山东人，多劝上都雒阳："雒阳东有成皋，西有殽、黾，倍河，向伊、雒，其固亦足恃。"留侯曰："洛阳虽有此固，其中小，不过数百里，田地薄，四面受敌，此非用武之国也。夫关中左殽、函，右陇、蜀，沃野千里，南有巴蜀之饶，北有胡苑之利，阻三面而守，独以一面东制诸侯。诸侯安定，河、渭漕輓天下，西给京师；诸侯有变，顺流而下，足以委输。此所谓金城千里，天府之国也，刘敬说是也。"于是高帝即日驾，西都关中。

　　留侯从入关。留侯性多病，即道引不食谷，杜门不出岁余。

【译文】

　　刘敬劝刘邦说："建都关中。"刘邦拿不定主意。刘邦周围的近臣大都是华山以东的人，所以很多人劝皇帝定都洛阳，他们说："洛阳东有成皋，西有崤山，渑池，背靠黄河，面向伊、洛二水，易守难攻。"留侯说："洛阳虽然占有天险，但它的腹地太小，方圆不过几百里，田地贫瘠，四面受敌，这不是可以用武打仗的地方。至于关中，东面有崤、函的险要，西面有陇、蜀的山区作屏障，中心地区广阔沃野千里，加上南面有巴蜀的丰富资源，北边有发展畜牧业的大草原，可以凭借北、西、南三面天险，只要守住东面的关口就能控制诸侯。如果诸侯安定，可通过黄河、渭水运输天下的粮食，西供京师所需；如果诸侯反叛，可以顺流而下，足以转运军队和军需物质。这正是我们常说的金城千里、天府之国呀！ 刘敬的建议是对的！"于是高帝当天起驾动身，向西定都关中。

　　留侯跟随高帝刘邦入关。留侯体弱多病，于是辟欲静修，一年多都足不出户。

西汉玉卮　西汉楚王御用酒具之一。1995年出土于江苏省徐州狮子山楚王陵。

【原文】

　　上欲废太子，立戚夫人子赵王如意。大臣多谏争，未能得坚决者也。吕后恐，不知所为。人或谓吕后曰：

"留侯善画计策，上信用之。"吕后乃使建成侯吕泽劫留侯，曰："君常为上谋臣，今上欲易太子，君安得高枕而卧乎？"留侯曰："始上数在困急之中，幸用臣策。今天下安定，以爱欲易太子，骨肉之间，虽臣等百余人何益。"吕泽强要曰："为我画计。"留侯曰："此难以口舌争也。顾上有不能致者，天下有四人。四人者年老矣，皆以为上慢侮人，故逃匿山中，义不为汉臣。然上高此四人。今公诚能无爱金玉璧帛，令太子为书，卑辞安车，因使辩士固请，宜来。来，以为客，时时从入朝，令上见之，则必异而问之。问之，上知此四人贤，则一助也。"于是吕后令吕泽使人奉太子书，卑辞厚礼，迎此四人。四人至，客建成侯所。

【译文】

皇上想要废掉太子，立戚夫人的儿子赵王如意。大臣们纷纷上书反对，但刘邦心意已决，不肯听从大家的意见。吕皇后很害怕，手足无措。有人向吕皇后建议道："留侯最擅长给人出主意，而且皇上很信任他。"吕皇后就派建成侯吕泽，去胁迫留侯道："您以前一直为皇上出谋划策，皇上对您言听计从。现在皇上要更换太子，您怎么能高枕无忧置身事外呢？"留侯说："从前，皇上好几次都身处危难，幸而听从了臣的计谋。现在天下太平，因为个人的偏爱而要更换太子，这是至亲骨肉间的事，就算我们一百多人都劝他又有什么用呢？"吕泽强迫要求说："您一定要替我出个主意。"留侯说："这是难于用言辞来争辩的！但是皇上曾有他无法招抚的人，天下共有四位。这四人都很老了。都认为皇上轻侮士人，傲慢无礼，所以躲避在深山里，坚决不作汉家的臣子。然而皇上对这四位老人。他却十分尊敬。现在您真能不吝惜金玉财宝布帛，要太子写封信，言辞要谦恭有礼，准备座车，派说客恳请他们出山，他们应该会来的，如果请来了，就待他们为上宾，请他们时常跟着太子去上朝，使皇上看到他们，那么皇上一定会惊异地询问他们。皇上知道这四位是贤者，这对太子是一大帮助！"于是吕皇后叫吕泽派人捧着太子的亲笔信，用最谦恭的言辞和丰厚的礼品，去迎请这四位老人。四人来到京师，就成了建成侯的上宾。

【原文】

　　汉十一年，黥布反，上病，欲使太子将，往击之。四人相谓曰："凡来者，将以存太子。太子将兵，事危矣。"乃说建成侯曰："太子将兵，有功则位不益太子；无功还，则从此受祸矣。且太子所与俱诸将，皆尝与上定天下枭将也，今使太子将之，此无异使羊将狼也，皆不肯为尽力，其无功必矣。臣闻'母爱者子抱'，今戚夫人日夜侍御，赵王如意常抱居前，上曰'终不使不肖子居爱子之上'，明乎其代太子位必矣。君何不急请吕后承间为上泣言：'黥布，天下猛将也，善用兵，今诸将皆陛下故等夷，乃令太子将此属，无异使羊将狼，莫肯为用。且使布闻之，则鼓行而西耳。上虽病，强载辎车，卧而护之，诸将不敢不尽力。上虽苦，为妻子自强。'"于是吕泽立夜见吕后，吕后承间为上泣涕而言，如四人意。上曰："吾惟竖子固不足遣，而公自行耳。"于是上自将兵而东，群臣居守，皆送至灞上。留侯病，自强起，至曲邮，见上曰："臣宜从，病甚。楚人剽疾，愿上无与楚人争锋。"因说上曰："令太子为将军，监关中兵。"上曰："子房虽病，强卧而傅太子。"是时叔孙通为太傅，留侯行少傅事。

【译文】

　　汉王十一年，黥布谋反，皇上有病，不能御驾亲征，想要太子领兵去镇压黥布。四位老人互相商量道："我们之所以来京师，就是要帮太子保全皇位。现在如果太子领兵出征，事情可就危险了！"于是就劝建成侯道："太子领兵出征，如果有战功，那么权位也不能超过太子；如果无功而回，那从此太子就会倒霉了！而且太子所率领的那群将领，都是曾经跟着皇上打天下的猛将，现在让太子来统率他们，这无异于让羊统率狼？如果他们都不肯替太子卖力，那太子一定不能建立战功。我们常听人说：'如果母亲受宠，她儿子就经常被人抱。'现在戚

夫人日夜侍奉着皇帝，赵王如意又常被抱在皇帝跟前，皇上又常说：'终究不能让那个不肖的儿子爬到我爱儿的头上！'很明显赵王如意势必取代太子之位，您为何不火速请吕皇后，找个机会到皇上面前流着眼泪说：'黥布是天下有名的猛将，善于用兵，现在所有的将领都是以前帮皇上建功立业的人，您叫太子统率他们，无异于羊统率狼，那些老臣一定不服太子管；而且如果黥布知道了这个消息，他就会大张旗鼓地向西进犯！皇上您虽然身体不适，但坐卧车终归没什么问题，那些老将们不敢不尽力，皇上虽然辛苦一场，但是为了您的妻子儿女，您就勉为其难吧！'"于是吕泽连夜见吕后，吕后找了个机会，一把鼻涕，一把眼泪，向皇上转述了四位老者的建议。皇上听了说道："我就知道这小子派不上用场，好吧，老子自己走一趟吧！"于是皇上亲自率领军队东征，那些留守的大臣们，都到灞上送行。留侯正在病中，勉强起来，送到曲邮，拜见皇上说道："臣应该随驾同去，可是病得实在太厉害了。楚军出兵神速，骁勇善战，希望皇上不要和楚人争一时的高低。"乘机又劝皇帝道："派太子做将军，叫他监督关中戍守部队。"皇帝说："子房，您虽在病中，希望您卧病中仍要尽力辅助太子。"这时，叔孙通为太子太傅，留侯就兼任太子少傅。

【原文】

汉十二年，上从击破布军归，疾益甚，愈欲易太子。留侯谏，不听，因疾不视事。叔孙太傅称说引古今，以死争太子。上详许之，犹欲易之。及燕，置酒，太子侍。四人从太子，年皆八十有余，须眉皓白，衣冠甚伟。上怪之，问曰："彼何为者？"四人前对，各言名姓，曰东园公，角里先生，绮里季，夏黄公。上乃大惊，曰："吾求公数岁，公辟逃我，今公何自从吾儿游乎？"四人皆曰："陛下轻士善骂，臣等义不受辱，故恐而亡匿。窃闻太子为人仁孝，恭敬爱士，天下莫不延颈欲为太子死者，故臣等来耳。"上曰："烦公幸卒调护太子。"

【译文】

汉王十二年，高祖打败了黥布，率众回长安，病情加剧，更想及早更换太子人选。留侯出面劝阻，皇帝不听，留侯便称病不理事。叔孙太傅就拿古今历史上换太子不利的史实来劝皇帝，并且以死相谏，皇上不得以，表面上应承了事，但暗中还要换太子。有一天，宫中大排宴筵，太子侍候在皇帝身边。四位老人跟着太子，都年过八十，须发全白了，衣冠打扮也很奇特。皇帝觉得很奇怪，问道："那四人是谁?"四人一一上前作答，自报家门，说是：东园公、角里先生、绮里季、夏黄公。皇帝于是大惊，说："我访求诸位好几年，诸位一直在逃避我，现在诸位为什么愿意跟我的儿子来往呢?"四人一起回答道："陛下轻视士人、喜欢辱骂人，臣等不甘受辱，所以只好躲起来。我们私下听说太子为人仁义孝顺，对人恭敬有礼，喜爱士人，天下人无不伸长了脖子，等待机会，想为太子拼死效力，所以臣等来投奔他。"皇帝说："麻烦诸位，至始至终调教保护太子!"

【原文】

　　四人为寿已毕，趋去。上目送之。召戚夫人指示四人者曰："我欲易之，彼四人辅之，羽翼已成，难动矣。吕后真而主矣。"戚夫人泣，上曰："为我楚舞，吾为若楚歌。"歌曰："鸿鹄高飞，一举千里。羽翮已就，横绝四海。横绝四海，当可奈何！虽有矰缴，尚安所施！"歌数阕，戚夫人嘘唏流涕，上起去，罢酒。竟不易太子者，留侯本招此四人之力也。

【译文】

　　四人举酒向皇帝祝完寿，便向皇帝辞行，迅速离开。皇上目送他们离开。高帝指着四位老者对戚夫人说："我要换他，可是四个人辅助他，太子的羽翼已成，恐怕动不得了。吕皇后真是你的主人了!"戚夫人听了，不禁流下眼泪，皇上说："你为我跳一支楚舞，我唱楚歌替你伴奏!"歌的内容是这样的："鸿鹄鸟往高飞，一飞就是千里。它已羽翼丰满，可以翱翔天下。它能翱翔天下，你又能奈他何？虽有弓箭，尚有何用?"唱了好几遍。戚夫人一边舞着，一边叹息流泪。皇上起身离去，就草草结束了酒会。最终没更换太子人选，这都是留侯召来的四个老人发挥了作用。

【原文】

　　留侯从上击代，出奇计马邑下，及立萧何相国，所与上从容言天下事甚众，非天下所以存亡，故不著。留侯乃称曰："家世相韩，及韩灭，不爱万金之资，为韩报仇强秦，天下振动。今以三寸舌为帝者师，封万户，位列侯，此布衣之极，于良足矣。愿弃人间事，欲从赤松子游耳。"乃学辟谷，道引轻身。会高帝崩，吕后德留侯，乃强食之，曰："人生一世间，如白驹过隙，何至自苦如此乎！"留侯不得已，强听而食。

【译文】

有一次，留侯跟着高祖去攻打代国，他给高祖献了条妙计攻下马邑；后来又劝高帝立萧何为相国；他帮皇上筹谋的大事举不胜举，但由于天下存亡的关系不大，所以就不一一记录了。留侯常如此说："我家几代为韩国相，等到秦灭了韩国，我不惜万金，替韩国向强秦报仇，秦四处通缉我。现在用这三寸不烂之舌，做帝王的军师，受万户之封，位列诸侯，这是老百姓所能达到的最高权位，对我张良来说，已经很满足了。我希望放弃一切人间杂事，很想跟仙人赤松子四处云游。"于是学习道家的辟谷法，不食五谷，奉行道引，静居运气轻身术。恰逢高祖去世，吕后感激留侯的恩德，于是强迫他饮食，说道："人生活了一辈子，时光飞逝，何必自寻烦恼到如此地步！"留侯执拗不过，勉强听从吕后的话，吃点东西。

张良

【原文】

后八年卒，谥为文成侯，子不疑代侯。

【译文】

八年之后，留侯病故，谥号为文成侯。他的儿子张不疑，接替他的侯位。

【原文】

子房始所见下邳圯上老父与《太公书》者，后十三年从高帝过济北，果见谷城山下黄石，取而葆祠之。留侯死，并葬黄石。每上冢伏腊，祠黄石。

【译文】

张良当初在下邳桥上遇到的那位给他《太公兵书》的老翁，十三年后，他随从高帝经过济北，果然看到谷城山下有块黄石，他就取来作为圣物供奉起来

史记·世家

并加祭祀。留侯死后，把黄石同他一起下葬。每次家人上坟，节令祭扫，祭张良也祭黄石。

【原文】

留侯不疑，孝文帝五年坐不敬，国除。

【译文】

留侯张不疑，在孝文帝五年，因为犯了不敬之罪，被剥夺了封国。

【原文】

太史公曰：学者多言无鬼神，然言有物。至如留侯所见老父予书，亦可怪矣。高祖离困者数矣，而留侯常有功力焉，岂可谓非天乎？上曰：“夫运筹策帷帐之中，决胜千里外，吾不如子房。”余以为其人计魁梧奇伟，至见其图，状貌如妇人好女。盖孔子曰：“以貌取人，失之子羽。”留侯亦云。

【译文】

太史公说：学者们大都说世上没有鬼神，但是却说有怪物。至于像留侯遇到老翁并赠他兵书，也就更值得称奇了！汉高祖好几次陷入险境，往往都是因为采用留侯的计策才得以脱险，这难道不是天意吗？皇上说：“至于在军中出谋划策，决定取胜在千里外，我在这一点上是不如张良的。”我一直认为张良一定是相貌魁梧，高大伟岸，等到看见他的画像，长得却如美貌纤弱的妇人。这大概就像孔子说的那样：“如果以貌取人，我就把子羽给看错了！”留侯的情况，对我来说，也正是如此。